Prospect deß Fürstl. Trautsonischen Palatii Ihro Röm. Keys. und Königl. Mayst. Obrist Hoffmeistern vor dem Burg-Thor bey St. Ulrich. a. Der PP. Capuciner Kirchen. b. die Löbel Pastey.

C. M. I. A. Corvinus sculps.

Gerhard Tötschinger

Vom **Schaumburgergrund** ins **Lichtental**

Gerhard Tötschinger

Vom **Schaumburgergrund** ins **Lichtental**

Die Wiener Bezirke IV bis IX

Wiener Geschichten für Fortgeschrittene

Mit 110 Abbildungen
und ausführlichem Register

AMALTHEA

MIX
Papier aus verantwortungsvollen Quellen
FSC® C084279
FSC
www.fsc.org

Besuchen Sie uns im Internet unter: www.amalthea.at

Umschlaggestaltung: Elisabeth Pirker, OFFBEAT
Umschlagmotiv: Die Mariahilfer Straße mit der alten Laimgrubenkirche, handkoloriertes Glasdiapositiv, um 1905

Vorsatz: Salomon Kleiner, Palais Trautson
Nachsatz: Carl Otto Czeschka, Die Nibelungen
Layout: Franz Hanns
Herstellung und Satz: VerlagsService Dietmar Schmitz GmbH, Heimstetten
Gesetzt aus der 10/14 Excelsior LT Std
Printed in the EU
ISBN 978-3-99050-034-7

Inhalt

Vorwort

1850 wurden zahlreiche Vororte und Vorstädte eingemeindet. Vorstädte hießen die Siedlungen zwischen Bastei und Linienwall, und waren sie noch so klein. Vororte lagen außerhalb des Linienwalls – und waren sie noch so groß. Wien wuchs mit einem Schlag, und als bald danach die Basteien fielen und die Ringstraße die alte Stadt zur modernen Metropole machte, muss das Leben für die noch im Biedermeier aufgewachsenen Menschen spannend, vielleicht seltsam gewesen sein.

Aus Hungelbrunn und dem Schaumburgergrund, Nikolsdorf, Matzleinsdorf, Hundsturm, Reinprechtsdorf, Laurenzergrund, Laimgrube, Windmühle, Magdalenengrund, Gumpendorf, Altlerchenfeld, St. Ulrich, Schottenfeld, Spittelberg, Alservorstadt, Breitenfeld, Strozzigrund, Michelbeuern, Himmelpfortgrund, Thurygrund, Althangrund, Rossau und Lichtental wurden die Bezirke IV bis IX: die Wieden, Margareten, Mariahilf, der Neubau, die Josefstadt, der Alsergrund.

Wir werden nicht chronologisch vorgehen, was heißt hier überhaupt logisch? Eine wörtlich logische Ordnung kann es in solch einem Buch nicht geben. Auch werden wir nicht exakt von Gasse zu Gasse wandern. Eine Vielzahl ausgezeichneter Bücher hat im Laufe der Jahrhunderte Spazierwege vorgestellt, wir schlagen keine Wanderrouten vor. Da oder dort wird der Ton sehr persönlich werden, wenn der Autor von seiner eigenen Wien-Geschichte eingeholt wird.

Und Bauwerke, die ohnehin in jedem Stadtführer ausführlich präsentiert werden, die also selbst von Besuchern aus dem Ausland leicht zu finden sind, werden wir vernachlässigen. So wer-

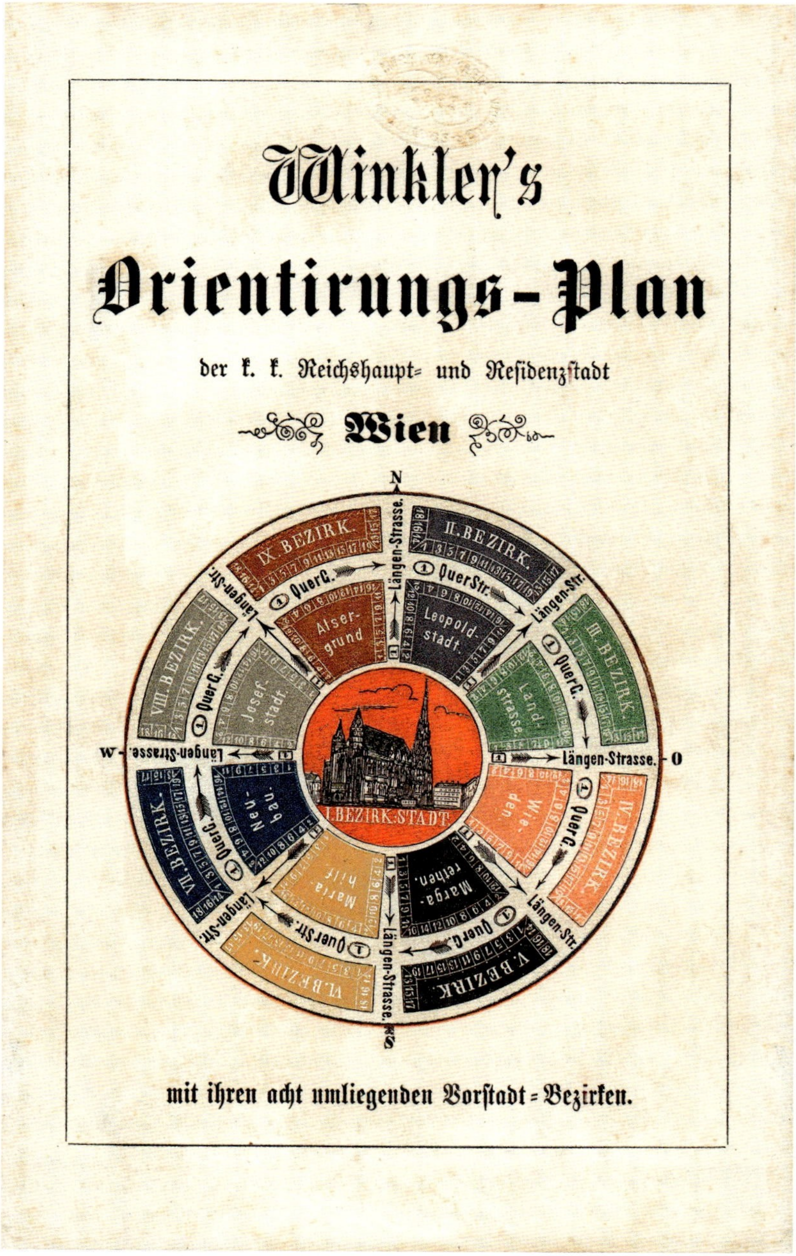

Winkler's Orientirungs-Plan

der k. k. Reichshaupt- und Reſidenzſtadt

Wien

mit ihren acht umliegenden Vorſtadt-Bezirken.

den Karlskirche und Votivkirche weniger Platz einnehmen als jene Ziele, die man nicht so leicht selbst entdeckt.

Manches ist Folge der langen Vortragsreihe, mit der ich mich schon mehrmals durch alle Bezirke geredet habe. So danke ich zum Beispiel einem jungen Paar, das ab dem 3. Bezirk immer wieder im Auditorium war, dass ich die lange gesuchte Erzählung von Heimito von Doderer *Ein anderer Kratki-Baschik* endlich in Händen hielt, danke manchen Wien-Kennern, die mich auf Details ihres Heimatbezirks hingewiesen haben.

Wien IV

Wieden

Gegründet: 1850
Fläche: 1,8 km²
Bezirksmuseum: Klagbaumgasse 4,
Rauchfangkehrermuseum im selben Haus

Zwischen der Stadtmauer und dem Glacis wuchsen im Laufe der Jahrhunderte viele Dörfer, ihre Namen haben sie an Straßen, Gassen, Plätze weitergegeben. Die prominentesten dieser kleinen Siedlungen bewiesen ihre besondere Bedeutung, wenn ganze neu geschaffene Bezirke die früheren Ortsbezeichnungen übernahmen.

Die Wieden ist fast so alt wie Wien, abgesehen von der Zeit der Kelten und der Römer. Ein Stiftungsbrief von Herzog Leopold VI. nennt den Dorfnamen im Jahr 1211. Er hat nichts mit einer Weide zu tun, auch wenn er im Bezirkswappen so interpretiert wird. Er kommt von *Widum*, gemeint – ein Pfarrgut.

Wer flanierende Touristen beobachtet, mag sich vielleicht manchmal wundern, dass der eine oder die andere einen eigenen Reiseführer für die Wieden in der Hand hält – das sind Reisende aus Polen, dort heißt Wien eben *Wieden*.

Die frühen Bewohner siedelten sich entlang einer Straße an, der einzigen, der Wiedner Hauptstraße. Sie verlässt das alte Wohngebiet, steigt an bis zur Höhe der Spinnerin am Kreuz, noch ein Blick zurück auf die schon ferne Stadt – und man ist auf dem Weg in den Süden. Der uralte Verkehrsweg führte und führt zuerst zu den Verwandten im Herzogtum Kärnten und weiter an die Adria, nach Venedig, nach Bologna und Rom.

Verließ man die Stadt durch das Kärntnertor, so bewegte man sich ab dem 15. Jahrhundert zuerst zwischen Zäunen, Mäuerchen, Gräben, einer zahmen Verlängerung der Stadtmauer, querte den Wienfluss über die Steinerne Brücke, fuhr oder ritt vorbei am Laszlaturm oder durch seine Tore. Der war ein eindrucksvolles Bollwerk.

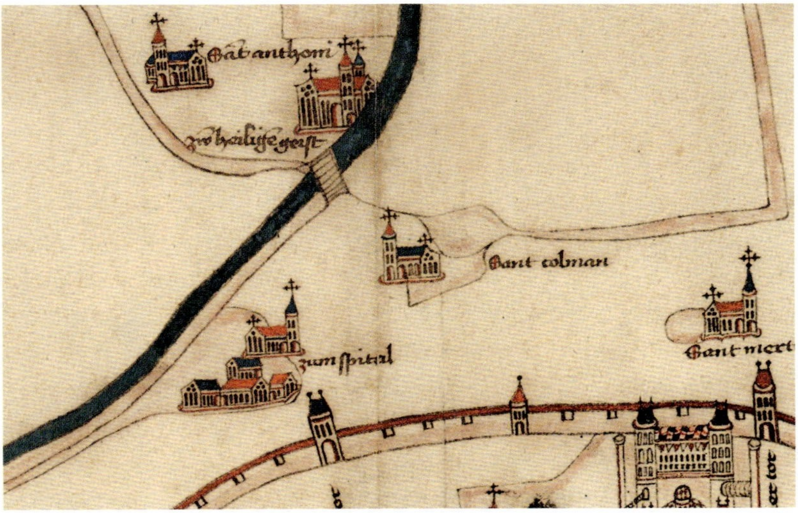

Der Weg über den Wienfluss in den Süden, Albertinischer Plan

Der Albertinische Plan von 1455 nennt nur die wichtigsten Bauten Wiens mit Namen. Deutlich zu sehen sind das blaue Band der Wien, die Steinerne Brücke und gleich rechts Kirche und Spital »Zum heiligen Geist«. Die eingangs erwähnte Stiftung von 1211 betraf diese soziale Institution. Die Ordensbrüder kümmerten sich nicht nur um das Seelenheil der armen Insassen, sondern auch um ihre medizinische Versorgung, um Körperpflege. Der Orden stand in enger Verbindung zum Vatikan, das war Leopold VI. bei seiner Stiftung wohl bewusst gewesen. Almosen zu geben, Gutes zu tun war ja Christenpflicht, und man sicherte sich auf diese Weise einen günstigen Start ins Jenseits.

Bald kamen italienische Ärzte nach Wien und gaben hier Unterricht. Die 1365 gegründete Universität hielt engen Kontakt zum Orden und seinem Spital, was nicht nur der medizinischen Hilfe, sondern auch der frühen Forschung nützte. Am 12. Februar 1404 fand im Heiligengeistspital die erste anatomische Sektion von Wien statt. Das war nicht nur wissenschaftlich eine Sensation, denn die Kirche hatte gegen solche Praxis massive Vorbehalte. Allerdings begann bald nach diesem Datum der Einfluss des Klerus zu schwinden.

Die Reformation traf in Wien auf vorbereiteten Boden, auf Unzufriedenheit. Um 1520 gab es im Heiligengeistspital nicht einen einzigen Ordensbruder mehr, aus Rom reiste Dr. Jakob Nagel an, der Großmeister. Er setzte sich für Erhalt und Zukunft des Spitals und der Kirche ein, aber er konnte keine Wunder wirken. Und nur ein Wunder hätte im Herbst 1529 die Bauwerke außerhalb der Stadtmauern vor den osmanischen Horden retten können. Die Brandruinen wurden später nicht restauriert, auch die Heiligengeistmühle neben der Steinernen Brücke verfiel, obwohl sie bis zum Türkensturm die wichtigste Mühle Wiens gewesen war. Direkt an der Straße gelegen, kamen bei ihr die hoch beladenen Erntewagen von den Bauernhöfen und Gütern südlich von Wien an. Der Müllermeister hatte das Recht und die Pflicht, die Getreidelieferungen auf andere Mühlen der Stadt zu verteilen. Und weil er auch eine Bierausschankkonzession hatte, wird es dem Heiligengeistmüller nicht schlecht gegangen sein. Mit 1529 war diese goldene Zeit vorbei, die nahe Bärenmühle trat die Nachfolge an.

À propos Mühle: Das älteste Haus nicht nur der Wieden, nein, von ganz Wien wird wohl die Heumühle sein. Der Mühlbach, er verlief als Seitenarm neben dem Wienfluss, versorgte die Mühlräder der Schleifmühle, der Bärenmühle und der Heiligengeistmühle und wurde ebenso von der Heumühle in Anspruch genommen.

Diese wurde auch Steinmühle genannt, stand im Besitz des Wiener Bischofs und wurde wie der mächtige Laszlaturm und fast alle anderen Gebäude der Siedlung ein Opfer der Türken. Sie wurde wiedererbaut, wenn auch verändert, das Mühlrad klapperte weiter munter am rauschenden Bach – bis 1683, da setzten die Osmanen fort, was sie 1529 begonnen hatten.

Doch die Heumühle, die mit der Bärenmühle für Wiens Versorgung sehr wichtig war, wurde abermals neu aufgebaut. Nun war sie freilich schon ziemlich verändert. Wer dieses älteste Haus der Stadt – nur Kirchen sind älter – besuchen will, ja vielleicht gar für eine eigene Veranstaltung nutzen will, kann das tun. In der Schönbrunner Straße 2 steht das rundum erneuerte Haus, dessen historischer Kern aus dem 14. Jahrhundert erhalten ist.

Aus sanitären Gründen beschloss der Wiener Gemeinderat 1856, den Mühlbach zuschütten zu lassen. Das war eine teure Sache – man musste den Bach dem Besitzer um 30 000 Gulden ablösen, der Erzdiözese Wien. Die Summe entsprach ungefähr zwölf Jahresgehältern eines einfachen Handwerkergesellen.

Sprechende Straßennamen erinnern an den nunmehr unterirdisch fließenden Mühlbach und seine Mühlen – Schleifmühlgasse, Heumühlgasse, Mühlgasse, Bärenmühldurchgang. Und wenn diese Straßen selbst sprechen könnten ... Die Heumühlgasse 10 stand einst im Besitz der Soubrette Mizzi Kaspar. Musste sie eine Berufsbezeichnung angeben, so war es »Hausbesitzerin«. Die Nr. 10 ist noch dazu ein Eckhaus, dreistöckig! »Eckhausbesitzer« war für die alten Wiener ein halber Adelstitel. Und diese Nr. 10 hatte in der Tat eine enge Beziehung zum Adel, zum allerhöchsten, ebenso wie die Besitzerin. Kronprinz Rudolf hatte ihr 1887 das Haus gekauft, um 60 000 Gulden. Als er zwei Jahre später starb, bedachte er sie in seinem Testament mit 30 000 Gulden. Wieder zwei Jahre später, 1891, verkaufte Marcella »Mizzi« Kaspar das Haus. Sie blieb dem Bezirk treu und zog in die Paniglgasse 19.

Die Schleifmühlgasse – eine Fundgrube! Während wir vom 4. Bezirk in den 9. spazieren, hat der einstige Hausherr von Nr. 12 den Weg in die Gegenrichtung genommen. 1718 kam Peter Lichtmanegger aus dem Lichtental und erwarb ein Grundstück, auf dem er sein Bierhaus »Zum goldenen Fassl« errichtete. Bis 1936 haben Lichtmaneggers Nachfolger noch ausgeschenkt, danach hat das Haus die moderne Stadtplanung nicht überlebt. Unter seinen Stammgästen befanden sich viele

Bewohner des benachbarten Gebäudekomplexes, des Freihauses.

Am Haus Ecke Margaretenstraße 10 und Operngasse 25 berichtet ein buntes Sgraffito vom Starhemberg'schen Freihaus. 1642 erwarb Conrad Balthasar Graf Starhemberg mehrere Grundstücke zwischen der Wien und ihren Seitenarmen, nach dem neuen Herrn Conradswörth genannt, -wörth meint wie im 2. Bezirk eine Insel. Er baute ein Haus, das brannte ab, er baute ein neues und vererbte das Anwesen seinem Sohn Ernst Rüdiger. 1647 hatte Kaiser Ferdinand III. einen Freibrief ausgestellt, der den Starhembergs die Steuerfreiheit zusicherte sowie die Gerichtsbarkeit über alle Bewohner des Komplexes. Doch auch das neue Haus durfte nicht lange stehen bleiben – angesichts der heranrückenden Osmanen wurde es auf Starhembergs Befehl geschleift, es sollte dem Feind keine Deckung geben.

Modell des Freihauses, von oben, Bezirksmuseum

Kaum waren die erfolglosen Türken wieder fort, wurde abermals gebaut, diesmal in großem Maßstab. Ab 1694 bedeckte der Neubau nach und nach eine riesige Fläche, die wir uns zwischen Wiedner Hauptstraße, Mühlgasse, Resselgasse und Schleifmühlgasse vorstellen können.

In sechs Höfen mit 31 Stiegen lebten rund 1000 Bewohner im Freihaus, dem größten Mietshaus von Wien. Zu ihnen gehörte ab 1789 Emanuel Schikaneder, ein Regensburger Theaterunternehmer. Er war mit seiner ambulanten Künstlertruppe 1780 in Salzburg zu Gast gewesen, dort hatte er Leopold Mozarts Bekanntschaft gemacht und sich mit dessen Sohn Wolfgang, er war fünf Jahre jünger, auch gleich gut vertragen. Im Starhemberg'schen Freihaus hatte man 1787 ein einfaches Theater errichtet, der erste Direktor war der Wanderbühnenimpresario Christian Roßbach, er kam aus Fulda. Zwei Jahre später folgte ihm Emanuel Schikaneder, der sich schon einen guten Namen gemacht hatte. Sein Repertoire ist das typische dieser Jahre: derbe Volksstücke, Kasperlszenen, Zauberpossen, Singspiele, alles jedoch mit einem gewissen Anspruch auf Höheres.

Das hatte zur Folge, dass sogar der Kaiser selbst das Freihaustheater besuchte. Im September 1791 erschien Leopold II. in Begleitung des Kronprinzen Franz zu einer Vorstellung von *Ludwig Herzog von Steiermark* aus der Feder von Schikaneder, der am Zenit seiner Berufslaufbahn stand und sich einem weiteren Höhepunkt näherte.

1791 gab Emanuel Schikaneder seinem Freimaurerbruder Mozart den Auftrag zur Komposition einer »Zauberoper«. Dies kam dem Komponisten sehr gelegen, er steckte in schweren wirtschaftlichen Problemen.

Die Arbeit an der neuen Oper ging aber durch Reisen und andere Kompositionspläne sehr zögerlich voran. So holte der Direktor, der das Libretto selbst verfasst hatte, seinen Komponisteur aus der häuslichen Ablenkung und setzte ihn in eine Holz-

Das Zauberflötenhäuschen, heute im Mozarteum Salzburg

hütte, ein Salettl, in einem Hof des Freihauses. Dort sollte Mozart in Ruhe arbeiten können.

Konnte er aber nicht! Im nur wenige Schritte entfernten Theater gab es viele Vorstellungen, Sängerinnen und Schauspieler wollten zusehen, wie ihre künftigen Rollen und Gesangspartien entstanden; in dem Salettl soll es sehr lustig zugegangen sein. Mozart hatte den fröhlichen Betrieb lieber als die konzentrierte Ruhe, und wirklich war die neue Oper innerhalb weniger Wochen bereit.

Am 30. September 1791 erlebte das Publikum auf den harten Bänken des Theaters auf der Wieden Weltgeschichte – die Uraufführung der *Zauberflöte*. Sie hatte von Anfang an Erfolg, es gab aber auch Kritik: Das Libretto sei frauenfeindlich, es stecke voller Widersprüchlichkeiten. Das Wort und die Musik trafen auf ein kundiges Publikum, das für Geheimnisse und Bühnenmystik ebenso zu haben war wie für Koloraturarien und Couplets. Der Direktor selbst gab eine der Hauptrollen, den Papageno, und muss sich als Bühnenkünstler wie auch als Unternehmer über den Publikumszuspruch gefreut haben. Die Kasse war voll.

Mozart jedenfalls hat sich gefreut, davon kann man sich in seinen Briefen überzeugen. Seine Frau Constanze war in Baden zur Kur, er schrieb ihr oft, so am 7. Oktober 1791, die Oper sei voll gewesen wie »allzeit«: »Um halb 6 uhr gieng ich beim Stubentor hinaus – und machte meinen favorit Spaziergang über die Glacis ins Theater ...« Mozart kam immer wieder in die Vorstellung, übernahm manchmal die Leitung und lebte seinen Übermut aus, indem er seinen Direktor auf den Arm nahm: »Nun gieng ich auf das Theater bey der Arie des Papageno mit dem Glocken-Spiel, weil ich heute so einen Trieb fühlte es selbst zu spielen – da machte ich nun den Spaß, wie Schikaneder eine Haltung (= Pause) hat, so machte ich ein Arpeggio, der erschrak, schaute in die Szene und sah mich. Als es das 2te Mal kam, machte ich es nicht – nun hielt er und wollte gar nicht mehr weiter – ich erriet seinen Gedanken und machte wieder einen Accord, dann schlug er auf das Glockenspiel und sagte Halts Maul. Alles lachte dann.« Und Mozart freute sich schon darauf, mit Constanze in einer Loge zu sitzen, »so bald du zurück kömmst«.

Doch als sie zurückkam, blieben dem Ehepaar nur noch wenige Tage. Das Publikum war nicht einhellig überzeugt. Am 9. Oktober 1791 hat der Korrespondent im Berliner *Musikalischen Wochenblatt* berichtet, die *Zauberflöte* finde den »gehofften Beifall nicht, weil der Inhalt und die Sprache des Stücks gar zu schlecht sind«.

Das Werk hat seinem Direktor dennoch viele frohe Tage bereitet. Bis zur Schließung des Theaters wurde es 223 Mal gegeben. Schikaneder war von seinem Libretto allerdings mehr als überzeugt. Von ihm ist die Äußerung überliefert: »Welchen Erfolg hätte ich mit meiner Zauberflöte haben können, hätte ich nur einen besseren Komponisten gehabt.«

Das Freihausmodell, Außenansicht

Schikaneder war eine Zeit lang erfolgreich, dann jedoch ereilte ihn das Schicksal vieler seiner Kollegen, das Geld wurde knapp. Da kam ihm ein theaterbegeisterter Amateur gerade recht: der Kaufmann Balthasar Zitterbarth. Er kaufte ihm das Freihaustheater ab, und Schikaneder konnte mit dem Geld ein neues Theater bauen, größer und schöner – das Theater an der Wien.

So wurde am 11. Juni 1801 zum letzten Mal im Freihaus gespielt, dann übersiedelte die Schikanederische Truppe ins neue Haus. Das Freihaustheater verkam langsam und wurde 1809 abgerissen; brauchbare Teile hat man zu Wohnräumen umgebaut.

Zurück blieb als leere Erinnerung an lustige Tage das Salettl. Da stand der kleine Holzbau ohne Verwendung, die Freihausmieter werden vielleicht einmal gehört haben, dass er etwas mit Mozart zu tun hatte, aber was, das geriet in Vergessenheit. Hingegen war das Mozarteum in Salzburg weniger vergesslich. 1863 wurde das Häuschen abgebaut, verpackt, nach Salzburg transportiert, und dort steht es nun im Hof des Mozarteums, ein

Glanzstück der ohnehin reichen Devotionaliensammlung der Geburtsstadt des Genies.

Wien könnte das Zauberflötensalettl gut brauchen, aber die Stadt hat ihre Chance gehabt und nicht genutzt. Wolfgang Amadé hat in Wien an vielen Adressen gewohnt, nichts davon ist geblieben außer dem Figarohaus in der Innenstadt; das freilich ist eine Reise wert.

An die *Zauberflöte* muss man nicht erinnern, sie ist weltweit lebendig, die Wieden ist natürlich besonders stolz. Tamino und Pamina schreiten, beschützt von der wundersamen Flöte, durch die Wasserprobe im 2. Akt, dargestellt am Mozartbrunnen, einem Werk von Carl Wollek, auf dem Mozartplatz. 1905 wurde diese bedeutende Plastik der Secessionskunst enthüllt. In der Lehárgasse, an Schikaneders prächtigem Theaterbau, sieht man Papageno mit seinen jüngeren Geschwistern, aber da sind wir ja schon im nächsten Bezirk. Ganz nahe, in der Operngasse 26, Ecke Faulmanngasse, gibt es noch einen Papageno, eine bunte Keramik des Jahres 1937. Das war eine Zeit, als Wien Abschied nahm vom dreihundert Jahre alten Kuriosum Freihaus.

Dieses größte Zinshaus des damaligen Wien hatte drei große Brände überstanden, 1657, 1683 und 1759. Dann ist es noch einmal gewachsen, 1786 wurde ein zweites Stockwerk aufgesetzt, der Hausherr erhöhte seine steuerfreie Einnahme. Man hat errechnet, dass die fürstliche Familie Starhemberg um 1800 pro Stunde einen Dukaten eingenommen hat. In 340 Wohnungen lebte man einen ruhigen Alltag, den großen Markt vor der Haustüre, in den Höfen eine Kirche, eine Apotheke, Werkstätten und eben einige Jahre auch ein eigenes Theater! Man muss sich diese ungewöhnliche Anlage als der Augsburger Fuggerei ähnlich vorstellen, mag dabei auch an die großen Prälatenhöfe der Innenstadt denken, den Melker Hof, den Heiligenkreuzerhof.

Alle diese Anlagen und eben auch das Freihaus hatten Atmosphäre und Charakter einer Kleinstadt. Aber ringsum wuchs die

Freihaus mit dem alten Naschmarkt,
Bild von Carl Pippich, 1916

Großstadt und bedrohte mehr und mehr die Idylle. Zu Bürgermeister Luegers Zeit fasste man zum ersten Mal den Plan zum Abbruch. In Wien kann so etwas dauern, zudem gab es eine Fülle aktueller Projekte: die moderne Energieversorgung, die zweite Hochquellenwasserleitung, das Lainzer Krankenhaus, die Elektrifizierung der Pferdetramway und der Stadtbahn – der Abbruch begann erst 1913. Im großen Krieg hatte man erst recht andere Probleme, so dauerte es bis 1937, dann war das Freihaus großteils geschleift. Die Bomben des Zweiten Weltkrieges führten zu weiteren schweren Schäden, nur einige Reste des Monsterbaus standen noch bis in die 70er-Jahre.

Das Haus Operngasse 36 vermag den Flaneur in seinem Freihausverständnis zu unterstützen. Ein Sgraffito zeigt laut Inschrift *Das alte Freihaus und die neuen Straßenzüge*. Mag es auch nicht ganz genau sein, so kann man sich doch ein Bild machen; es zeigt auch die Rosalienkapelle und das Theater.

An Gebäuden mit großer Vergangenheit herrscht im 4. Bezirk kein Mangel. Freilich sind ebenso viele auf die eine oder andere Weise verschwunden. Wenn sie wie das Freihaus Platz gemacht haben für größeren, gesünderen Wohnraum, so begreift man die Schleifung. Aber in vielen Fällen steckten fehlende Weitsicht oder Spekulation hinter den Abbruchprojekten.

Ein Paradebeispiel auf der Wieden ist die Geschichte des Palais Erzherzog Rainer. Die Nr. 63 der Wiedner Hauptstraße war das Palais Engelskirchner, erbaut von einem reichen, aus den Niederlanden stammenden Textilgroßhändler. 1724 wurde es verkauft, wechselte oft den Besitzer. Im Biedermeier erwarb Heinrich von Geymüller das Palais und die barocke Gartenanlage. Der Bankier war ein Mann des Fortschritts, sein neuer Besitz bekam als erstes Privatgebäude der Stadt eine Gasbeleuchtung.

Auch der nächste Hausherr dachte modern. Erzherzog Rainer war ein ungewöhnliches Mitglied des Herrscherhauses. Er kam 1827 in Modena zur Welt, ein Enkel von Kaiser Leopold II. Mit 17 Jahren verließ er Italien und wurde ein Wiener. Er war liberal gesinnt, setzte sich für eine ehrliche Verfassung ein, hatte umfangreiche wissenschaftliche Kenntnisse und Interessen. Zwar trug er bei allen offiziellen Anlässen und sogar privat seine Generalsuniform, doch er besuchte auch gerne in Zivil ein Gasthaus und ging auf ein Krügel Bier.

Der Haupttrakt seines Palais stand am oberen Ende des steil zur Wiedner Haupstraße absinkenden Grundstücks, Rainergasse 18. Solch ein Standort wurde anderen Möglichkeiten vorgezogen. Diese Landschlösser, in der Sprache ihrer Zeit Villeggiaturen, ahmten einander beziehungsweise den französischen Stil nach. Auf zahlreichen Stichen informierten sich Bauherren und Baukünstler über den *Dernier Cri*. Und das war vor allem Versailles. Ludwig XIV. war auf seine Schöpfung nicht wenig stolz und förderte die Verbreitung ihrer Abbildungen, um mit der Pracht seiner Schlösser und Gärten seinen persönlichen Glanz zu erhöhen.

Die Baumeister wussten diese Darstellungen zu deuten und umzusetzen. Das Barock schätzte hügeliges Gelände. Eine gewisse Anhöhe, am besten in den Vorstädten der heutigen Bezirke Landstraße und Wieden, bot einen Blick über die Stadt hinweg zum Kahlenberg, zum Leopoldsberg. Und dieser Blick wurde durch die Gartenkunst gelenkt – das Blumenparterre wird von dunklen Hecken begrenzt, Statuen und Brunnen bieten dem Auge Überraschungen. Wir müssen uns diese noch ländlichen Vorstädte nach der Türkennot vorstellen – Bauer und Stadtbürger mussten nicht unentwegt um Besitz, Leben, Familie zittern. So entstand rund um Wien eine weitläufige Gartenlandschaft voller Landschlösser, deren Erbauer zumeist geschichtsträchtige Namen trugen: Das Kaiserhaus selbst zählte dazu und Liechtenstein, Savoyen, Schwarzenberg, Arenberg, Starhemberg, Schönborn. Als der Residenzstadt durch die Kuruzzen

Erzherzog Rainer zu Pferd in Baden
vor dem Kaiser-Franz-Josef-Museum, 1909

Erzherzog Rainer geht über den Naschmarkt.
Aquarell von Alfred Gerstenbrand

neue Gefahr drohte, wurde 1704 auf Wunsch des Prinzen Eugen ein neues Befestigungssystem angelegt: der Linienwall.

Von dieser Anhöhe in der Rainergasse muss der Blick über die Stadt viel Freude bereitet haben, der Erzherzog wusste das zu schätzen. In Baden bei Wien erwarb er 1873 seine Sommerresidenz, den ersten Villenbau des jungen Otto Wagner. Seinem Wiener Stadtschloss ließ er eine Bibliothek anbauen, er umgab sich mit 40 000 teuer gebundenen Büchern. Die Sammlung von rund 100 000 Papyri, die er in Ägypten erworben hatte, schenkte er der Hofbibliothek (heute Nationalbibliothek), die damit die weltweit größte Sammlung dieser Art besitzt.

Von alldem wussten die Menschen, mit denen Erzherzog Rainer leutselig und freundlich Tag für Tag umging, nichts oder nur wenig. Der Erzherzog spazierte gerne zu Fuß durch die Stadt, beliebt und unentwegt gegrüßt. »Herr von Rainer« nannten ihn die Marktfrauen. Der Wiener Zeichner und Karikaturist Alfred Gerstenbrand erlebte eine solche Szene als Einjährig-Freiwilliger, als Artillerieoffizierslehrling, und rühmt die chevalereske Höflichkeit dieses Habsburgers: »Also, ich hab auf dem Weg in die Kasern immer über den Naschmarkt gehen müssen. Da hab ich einmal den Erzherzog Rainer getroffen, der ja sein Palais in der Näh' gehabt hat. Natürlich hab ich mich zusammen gerissen und so stramm wie möglich Front gemacht und salutiert. Er hat sofort die Hand gehoben und mir danken wollen, da sind im nämlichen Augenblick zwei Standlerinnen zu einer Art Hofknicks niedergerauscht und haben geplärrt: ›Küß die Hand, Herr von Rainer!‹ No, und da hat er sich zu ihnen gekehrt und ihnen zuerst gedankt und dann erst mir. Er war halt ein Kavalier.«

1913 ist er gestorben. Bei seinem Tod sagte Kaiser Franz Joseph I. zu seinem Generaladjutanten Paar: »Er war ja schon ein sehr alter Mann!« Erzherzog Rainer war drei Jahre älter als sein Vetter, der Kaiser, der ihm 1916 gefolgt ist.

Da stand das Palais schon lange leer. Im Zweiten Weltkrieg kam es zu einigen Schäden, die aber die sowjetische Besatzungsmacht nicht daran hinderten, ihr Offizierscasino dort einzurichten. Nach 1955 hätte sich zwar aus dem ramponierten Prachtbau wieder etwas machen lassen, angesichts der vielen baulichen Verluste auf der Wieden. Doch die Zeit war nicht dafür. 1961 wurde das Palais geschleift. Bis 1965 baute die Reifenfirma Semperit ein Verwaltungsgebäude. Lange gebrauchte die AG dieses Riesenhaus freilich nicht, 1973 konnte sie nur mithilfe des Staates gerettet werden. Dann gab Semperit den Geist auf. Immerhin erhielt dadurch die Bundeswirtschaftskammer einen neuen, geräumigen Sitz.

Ein gewisser Trost – Semperit sorgte 1961–1965 für Kunst »am Bau« und auch »im Bau«. Erste österreichische Künstler kamen zum Einsatz – Fritz Wotruba, Max Weiler, Paul Flora und Joannis Avramidis.

Carl Moll:
der alte Naschmarkt

Der Naschmarkt, den Erzherzog Rainer auf dem Bild von Gerstenbrand durchschreitet, hatte seinen Standort bis 1900 auf der Wieden, zwischen Freihaus, evangelischer Schule und Polytechnicum. 1793 wurde verfügt, alles Obst und Gemüse, das auf Wagen nach Wien geliefert wurde, sei hier zu verkaufen. Hingegen wurde, was über die Donau in die Stadt kam, am Schanzelmarkt angeboten, nahe dem Roten Turm, bei der Schwedenbrücke, ab dem späten 19. Jahrhundert ungefähr beim heutigen Ringturm.

Als man an die Regulierung des Wienflusses schritt, wurde der Naschmarkt provisorisch verlegt. Das Flussbett verschwand, wurde bis zur Schleifmühlgasse überwölbt. 1902 ließ die Stadt drei Zeilen mit pavillonähnlichen Marktständen errichten, und wie so oft wurde aus dem Provisorium ein Dauerzustand.

Wäre es nach der Planung der Gemeinde Wien gegangen, so gäbe es den Naschmarkt schon lange nicht mehr. Eine Stadtautobahn sollte vom Zentrum an den Stadtrand führen, und auch der Markt sollte am Stadtrand modern wiedererrichtet werden. Doch die 1970er-Jahre waren nicht nur von erschreckenden Fehlplanungen geprägt, sondern auch von Bürgerinitiativen, die deren Folge waren. Architekten, Architekturstudenten, Journalisten setzten sich zur Wehr, wie eine Schülerin von Gustav Peichl, die spätere Kulturstadträtin Ursula Pasterk.

Am 27. Juni 1976 wurde in der Arena, dem früheren St. Marxer Schlachthof, das Musical *Schabernack* uraufgeführt, das den Plan »Autobahn statt Naschmarkt« als Handlungsbasis hatte. Am selben Abend riefen die *Schmetterlinge*, eine politisch engagierte Folkband um den Autor Heinz Rudolf Unger und den Sänger Willi Resetarits, zu einem »Fest gegen die Schleifung des Naschmarkts«. Die Wucht der monatelang anhaltenden Protestaktionen führte zu kommunalpolitischem Umdenken. So konnte sich das Provisorium von 1902 erhalten, die bewährte Tradition überlebte.

Längst legendär war die »Frau Sopherl«. Die »Standlerinnen« wirkten in der Stadt, in den Vorstädten wurden sie »Höckerinnen« genannt. Der Wiener Journalist und Dichter Vinzenz Chiavacci (1847–1916) setzte den urbanen Marktfrauen ein literarisches Denkmal. Seine »Frau Sopherl« war deren Ideal – eine starke Frau, selbstsicher, selbstbewusst. Ihr Minnesänger Chiavacci beschreibt sie so: »Eine robuste, wohl gerundete Gestalt mit einem gutmütigen, von derber Gesundheit strotzendem Gesicht, aus dem zwei kluge, muntere Augen blitzen, ein Mund, dessen energischen Linien man ansieht, daß er in ewiger Bewegung ist … Den reichen Wortschatz des Wiener Dialekts und die traditionelle Volksweisheit … beherrscht sie mit souveräner Gewalt, nicht angekränkelt von des Gedankens Blässe.«

Frau Sopherl

Die Standlerinnen waren bekannt für ihre Schlagfertigkeit – und beliebt. Sie umwarben die Kundschaft – »Bitte, schöner Herr, sehr gerne, Frau Baronin!« –, solange man mit ihren Preisen einverstanden war. Begann man zu handeln oder gar zu kritisieren, ging ein Donnerwetter los. Wen es nicht getroffen hatte, der konnte gut lachen über den Wortschwall.

Meine Urgroßmutter, von Krakau nach Wien umgezogen, kannte die Bräuche noch nicht so genau, ging mit ihrer Köchin einkaufen und lehnte den genannten Preis ab. Einige Schritte – dann kam der Schlag ins Kreuz. Frau Sopherl hatte ihr die beanstandete Melone nachgeworfen, treffsicher. Die Köchin hätte es wohl besser gewusst, blieb aber wohlweislich still. Die Sopherl war solidarisch mit der dienenden Klasse und zielte erfolgreich auf die Herrschaft. Die hatte noch Glück, und es wurde eine durch Jahrzehnte weitergereichte Familienanekdote daraus.

Im Wienerlied heißt es:

Drüben am Naschmarkt, auf der Wieden, geht ein Stutzer promenieren.
Sagt am Standl zur Frau Sophie – sag, was kosten deine Birn?
Na vier Kreuzer, sagt Frau Sophie zu dem Kerl net verleg'n,
doch der will ihr für die Birnen nur zwa Kreuzer niederlegen.
Bumsti, hat er eine Ohrfeigen und Frau Sopherl sagt zu ihm:
Ja, auf der Lahmgruab'n und auf der Wieden sein die Birn halt sehr verschieden.

Dazu ist zu sagen, dass im Urwienerischen »Birnen« auch »Verprügeln« bedeutet. Im originalen Text ist zwar von einer »Sali« die Rede, doch wir bleiben der Sopherl treu.

Der Naschmarkt liegt am Rande des Bezirks und ist dennoch ein Zentrum der Wieden. Aber er gehört nicht zu ihr – denn der unhaltbare Zustand, dass in Wien irgendetwas nicht klar geregelt ist, wie in Berlin, führte zu einem Gemeinderatsbeschluss im Jahre 2009, der den Wiedner Anteil dem 6. Bezirk übertrug. Die Bezirksgrenze war bis dahin quer durch den Naschmarkt verlaufen, der eine Trinker saß noch auf der Wieden, die einkaufende Ehefrau …

Wenn man auf der Wieden ein wirkliches Zentrum mit historischen Wurzeln sucht, ist es der kleine Rilkeplatz. Zwischen diesem und dem Hotel Triest an der Hauptstraße stand der Laszlaturm, ein festes Bollwerk, das seinen Namen dem festlichen Einzug des jugendlichen Königs Ladislaus, Laszlo, Postumus nach Wien verdankt. Der Name des kleinen Platzes meint nicht einen direkten Bezug des Namensgebers zur Wieden, er ist Ausdruck der Verehrung. Pure Geschichte ist die Dreiecksform – sie kommt auf der Wieden mehrmals vor und war typisch für Dorfanger des frühen Mittelalters.

Rilke hat mit seinem Platz nichts zu tun, er kam in Prag zur Welt, in Montreux liegt sein Grab. Aber viele andere berühmte Menschen, Künstler vor allem, haben auf der Wieden gelebt. Aus der Oberpfalz kam der Pionier der deutschen Oper, Christoph Willibald Gluck. Er legte seiner Zeit entsprechend großen Wert auf seinen kleinen Adel, also nannte er sich Chr. W. Ritter von Gluck. Was für ein Ritter war er? Er trug den *Speron d'oro*, den Orden vom Goldenen Sporn. Der wurde und wird vom Papst verliehen – auch Mozart hat ihn getragen. Aber wir kennen keine Briefe, in denen sich Wolfgang Amadé als W. A. Ritter von Mozart bezeichnet hätte.

Chacun à son goût. Gluck lebte 35 Jahre lang, bis zu seinem Tod 1787, im Haus »Zum silbernen Löwen«, Wiedner Hauptstraße 32. Stolz verweist es selbst über seinem Tor auf den Namen des früheren Besitzers. Seit vielen Jahren dient der »Silberne Löwe« dem Roten Kreuz als Zentrale.

Dieses Haus steht in enger Beziehung zum Leben eines weiteren Komponisten. Spät in seinem kurzen Leben konnte Franz Schubert ein eigenes Klavier erwerben, bis dahin war er von seinem klavierbesitzenden Freundeskreis abhängig. Dazu zählte der Maler August Wilhelm Rieder. Zwar war auch er immer wieder auf die Hilfe von Freunden angewiesen, weil ihm die Lebenshaltungskosten ständiges Problem waren. Erst als Kustos der Belvedere-Galerie konnte er sich eine eigene Wohnung leisten, im Gluckhaus, mit einem Klavier. Schubert wohnte nahe, an der heutigen Adresse Technikerstraße 9. So konnte er schnell bei seinem Freund Rieder sein, und das recht oft. Wenn der Maler seine Ruhe haben wollte, wurden die Vorhänge zur Straße hin zugezogen, das Zeichen respektiert. Immer wieder hat Rieder den Freund porträtiert, das bekannteste aller Schubert-Bilder ist sein Werk. Moritz von Schwind hat es als das beste gelobt.

W. A. Rieder,
Schubert-Porträt

Johann Strauß Sohn ist in der Lerchenfelder Straße geboren worden, heute Bezirk Neubau, lebte in der Leopoldstadt, dann in Hietzing, wieder in der Leopoldstadt, diesmal auf der Praterstraße.

Die Johann-Strauß-Gasse und besonders das Haus Nr. 14 künden von diesem Meister der Meister. Seine erste Ehefrau Henriette Treffz hatte den Bauplatz für ein geräumiges Gebäude in der damaligen Igelgasse ausgesucht, doch noch bevor das Palais fertig war, starb sie. Der Walzerkönig lebte in der Igelgasse bis zu seinem Tod 1899, kurz danach wurde die Gasse umbenannt. 1944 hat eine Bombe diese seine letzte Adresse zerstört.

Aus Hamburg kam Johannes Brahms. 1872 entschloss er sich, Wien als Wohnsitz zu wählen. Er mietete eine Wohnung in der Karlsgasse 4, neben der Karlskirche, und blieb bis an sein Lebensende. Er gewann mit den Jahren rundum anerkannte Autorität, auch in der polarisierenden Auseinandersetzung mit Richard Wagner und Anton Bruckner. In seinem Stammgasthaus traf er eines Tages auf Bruckner, der auf der Speisekarte die gleiche Wahl getroffen hatte. Ein Lächeln beider Herren war die Folge, ein seltener Fall von Übereinstimmung.

Zu den Verehrern von Brahms zählte der Musikkritiker Ludwig Karpath. Als es sich in Wien herumsprach, Brahms sei schwer an der Leber erkrankt, zeige deutliche Anzeichen von Gelbsucht, trafen die beiden Herren per Zufall am Karlsplatz aufeinander. In der Verlegenheit und bemüht, ein Kompliment zu machen, rief Karpath dem verehrten Komponisten zu: »Also, so gelb sind Sie eigentlich gar nicht!« Brahms starb 1897 in Wien.

Um diese Zeit lebte der Komponist Hugo Wolf in der Schwindgasse 3. Er litt an Syphilis, verlor langsam den Verstand. Freunde sorgten nach längerem Klinikaufenthalt für eine andere Wohnung, ebenfalls auf der Wieden, Mühlgasse 22. Bald aber musste er wieder in eine Klinik gebracht werden, 1903 ist er gestorben.

Ein Komponist aus Berlin, der auch ein singender Schauspieler war, lebte zwischen 1845 und 1848 in der Wiedner Hauptstraße 50. Gustav Albert Lortzing hatte sich in beiden Professionen einen Namen gemacht. Ein gemachter Mann war er dennoch nicht. Nestroys Rollen schätzte er besonders, und er war ganz in dessen Sinne ein witziger Extemporist. Das brachte ihm freilich viel Ärger.

Der Vormärz war auch in Detmold und Leipzig, seinen früheren Wirkungsstätten, nicht gemütlich. 1845 kündigte man ihm in Leipzig, Publikum und Ensemble waren empört und protestierten, es half nichts. Lortzing, der eine glückliche Ehe führte, ging mit Frau und Kindern als Kapellmeister ans Theater an der Wien.

Hier arbeitete er an seiner Oper *Der Waffenschmied* und an der kaum bekannten revolutionären Oper *Regina*, die in einer Fabrik spielt. Doch die Einnahmen waren für die Familie zu gering.

Rosina Regina Lortzing – die Arbeiteroper trägt ihren Namen – kam auf eine Idee. Im Hof des Hauses Nr. 50 wurde ein Stall für einige Milchkühe gebaut. Nun war der Sängerkomponist ein Nebenerwerbsbauer, die Steuer führte ihn als *Milchmeyer*. 1848 ging diese Episode zu Ende, das Theater musste schließen. Die Familie verließ Wien und zog weiter nach Gera. Aber an der Fassade von Nr. 50 hämmert ein steinerner Waffenschmied weiter, der seinem Schöpfer recht ähnlich sieht.

Musik auf der Wieden … dazu ließe sich noch viel erzählen. Der mächtige Kritiker Eduard Hanslick hat hier gewohnt, in der Wohllebengasse 1. Wagner hat ihn so sehr verachtet, dass er nur mit Mühe davon abzuhalten war, eine lächerliche Figur Hans Lick zu nennen. Er hat sich dann doch für »Beckmesser« entschieden.

Eine spezielle Art Musiker war Hugo Wiener. Er kam aus einer musikalischen Familie, war hochintelligent und gebildet und in der Lage, seine außerordentlich witzigen Couplettexte selbst zu vertonen. Seine Frau Cissy Kraner war eine kongeniale Interpretin, so sind Klassiker entstanden – *Der Novak läßt mich nicht verkommen*, *Wie man eine Torte macht*, *Ich wünsch mir zum Geburtstag einen Vorderzahn*. Seine Operette *Auf der grünen Wiese* war ein jahrelanger Erfolg der Wiener Volksoper, seine TV-Shows mit Kollege Georg Markus ebenfalls. Dazu kam noch der Jahrzehnte anhaltende Erfolg seiner Bücher, der Prosa des Humoristen Hugo Wiener, in der Nachfolge von Frigyes Karinthy und Ephraim Kishon.

Das Ehepaar Wiener war an skurriler Adresse zu Hause – Kleinschmidgasse 2. Warum skurril? Weil ihr Wohnhaus das einzige der gesamten Gasse war – und ist. Interessant ist auch die Liste der Bewohner – im Laufe der Jahrzehnte lebten nicht nur Hugo Wiener und Cissy Kraner dort, sondern auch die Kammersängerinnen Hilde Zadek und Renate Holm.

Peter Wehle, Hugo Wiener, Cissy Kraner

Ein anderer Vertreter der so typisch österreichischen Doppelbegabungen war Fritz von Herzmanovsky-Orlando. Geboren 1877 im 3. Bezirk, in der Marokkanergasse 3, ist er auf der Wieden aufgewachsen, in der Schwindgasse 12. Seine Herkunft ermöglichte ihm ein Leben ohne materielle Sorgen. Er machte seine Matura standesgemäß am Theresianum, also auch auf der Wieden, und studierte an der Wiener Technischen Hochschule, ebenso im 4. Bezirk, immer nahe zum Elternhaus. Er wurde Architekt, aber nur für wenige Jahre. Eine schmerzhafte chronische Nierenkrankheit zwang ihn zuerst zur Aufgabe seines Berufs, danach, 1916, zur Übersiedlung in den für ihn angenehmeren Süden, nach Meran. So lebte er nun seinen Neigungen – Denken, Schreiben, Zeichnen. Von seinen skurrilen Werken ist zu seinen Lebzeiten nur *Der Gaulschreck im Rosennetz, eine Wiener Schnurre aus dem modernden Barock* erschienen. Herzmanovsky hat dieses wie alle seine Werke selbst illustriert.

Das Titelbild der Erstausgabe, Artur Wolf Verlag

Er hat eine Fülle von köstlichen Erzählungen, Dramen und Romanen hinterlassen. Er starb 1954 und hat nicht mehr erlebt, dass das Burgtheater, das Münchener Prinzregententheater, das Zürcher Schauspielhaus seine Stücke spielten. Das bekannteste von ihnen ist *Kaiser Joseph II. und die Bahnwärterstochter.*

Von seinen Taten als Architekt gibt es nicht viel zu sagen. Im Nachbarbezirk Margareten stehen zwei Häuser, entworfen in Gemeinschaft mit Fritz Keller, eines in der Viktor-Christ-Gasse, ein zweites in der Wehrgasse. Dieses, die Nr. 22, wird in Achleitners Architekturführer als »ungewöhnlich streng« beschrieben. Im 18. Bezirk künden die Häuser Czartoryskigasse 5 und 7 von FHO.

Mit mehreren Bauten auf der Wieden ist ein Zeit- und Berufsgenosse Herzmanovskys verbunden, der wie Letzterer unsere Aufmerksamkeit, ja Verehrung, auch nicht so sehr als Architekt gefunden hat. Oskar Laske kam 1874 in Czernowitz, der Hauptstadt der Bukowina, zur Welt. Er lebte zwar in Penzing, hat aber mit seinen Bildern, Bühnenbildern und auch Hausbauten eine Spur durch alle Wiener Bezirke gezogen. Auf der Wieden hat er das Haus Schaumburggasse 13 geplant, ebenso das Haus Graf-Starhemberg-Gasse 29.

Vom Schloss Schönburg am Schaumburgergrund, der im Namen dieses Buches auftritt, war noch nicht die Rede – wie auch von anderen interessanten Wiedener Bauwerken. Gundacker Thomas Graf Starhemberg, Stiefbruder des Verteidigers von Wien 1683, ließ sich nach Plänen des Baumeisters der Mächtigen, Johann Lucas von Hildebrandt, ein Schloss errichten, umgeben von einem scheinbar unendlich weiten Park. Aber nur hundert Jahre später, 1811, wurden das Schloss und der Park verkauft, der Grund wurde parzelliert, und innerhalb von kaum 40 Jahren entstand eine neue Vorstadt. Man wohnte gerne hier, vom Herrn von Faninal im *Rosenkavalier* heißt es: »Dem Mann gehören zwölf Häuser auf der Wied'n, nebst dem Palais Am Hof, und seine Gesundheit soll nicht die beste sein.«

1841 erwarben die Fürsten Schönburg-Hartenstein das Palais mit dem immer noch ansehnlichen Park.

Einige Parzellen hatte Josef Karl Rosenbaum ersteigert. Er war Beamter der Familie Esterházy, lebte ab 1800 in Wien und schuf rund um sein neues Haus einen bald berühmten Garten. Seine Frau Therese Rosenbaum war eine Tochter des Komponisten Florian Gaßmann, Sängerin, in der *Zauberflöte* die erste Königin der Nacht.

Josef Rosenbaum hatte den Ruf, ein merkwürdiger Kauz zu sein, um einen Ausdruck seiner Zeit zu verwenden. 1816 kaufte er weitere Grundstücke und schritt an die Gestaltung seines Parks, die er in seinen Tagebüchern bis ins Detail schildert, alle Gespräche mit Baumeistern, Gärtnern, Arbeitern. Er ließ künstliche Grotten errichten, einen Turm im Stil der Hochgotik, ein Landhaus. Attraktion war die Camera obscura – eine Holzhütte mit optischen Effekten, die trotz der einfachen Gestaltung zu

Palais Schönburg heute

großem Staunen führte. Ein Sprachrohr stand zur Unterhaltung über weite Distanzen zur Verfügung, eine Sonnenuhr, Schaukeln, ein Karussell, eine Kettenbrücke über einen künstlichen Teich erfreuten die Gäste. Deren Liste konnte sich sehen lassen – Grillparzer, Castelli, Carl Maria von Weber, Peter von Nobile, Joseph Kornhäusel, Diabelli, Salieri …

Von alldem ist nur die Erinnerung geblieben, unterstützt durch das penibel geführte Tagebuch. Wer heute den Namen Rosenbaum nennt, wird wahrscheinlich nicht sofort an den Garten auf der Wieden denken, sondern an Joseph Haydn.

Die Herren hatten einander gekannt, schon durch den gemeinsamen Dienst bei Fürst Esterházy, und geschätzt. Drei Tage nach Haydns Begräbnis 1809 am Hundsturmer Friedhof (heute der Haydnpark, Wien 12) wurde der Schädel des Meisters aus dem Grab geraubt. Die Täter muss man näher betrachten: Rosenbaum selbst, der verhindern wollte, dass bei einer späteren Grabauflösung »Halbmenschen, Afterphilosophen oder lose Buben« mit dem Cranium Gespött trieben. Ihm zur Seite standen die Magistratsbeamten Jungmann und Ullmann und der Totengräber Jakob Demut. Hauptbeteiligter war, das wird der Berufstitel wegen jetzt lang, Johann Nepomuk Peter, Verwalter des k. k. niederösterreichischen Provinzialstrafhauses in der Leopoldstadt und Leiter der fiskalen Unschlittschmelze. Alle Herren waren Verehrer der Gall'schen Schädellehre und am Haupt eines Genies, an seiner Form, seinen Maßen sehr interessiert. 1820 wurde der Raub entdeckt, nach einigem Weigern fand die merkwürdige Beute noch immer nicht zurück ins Grab, sondern erst nach 134 Jahren auf verschlungenen Wegen in die Eisenstädter Haydn-Kirche, zum Rumpf.

Der Garten Rosenbaums wechselte nach dem Tod des Schöpfers mehrfach den Besitzer – einer von ihnen war von einer Idee besessen wie Rosenbaum. Hatte dieser die Gartenkunst und den Pavillonbau Tag und Nacht im Kopf, so war jener erfüllt von der Welt von Technik und Chemie. Der Ungar Stefan Ladislaus Rómer (1788–1842) hatte eine Apothekerlehre absolviert, als er 1808 nach Wien übersiedelte. Nun übte er den erlernten Beruf aus und studierte nebenbei Pharmazie.

Er erkannte, wie wichtig es war, Feuer zu erzeugen – nicht nur für die Köchin, auch für den Raucher oder das Wäschermädl. Rómer experimentierte, nahm Rückschläge in Kauf, ließ sich nicht entmutigen und setzte sich gegen die wachsende Konkurrenz durch. Sie alle hatten dasselbe Problem – die Zündmasse der sogenannten Tunkhölzchen war nicht perfekt. Man musste solch ein Hölzchen in Schwefelsäure tauchen, dann entzündete es sich, aber auch nicht immer.

Schließlich erreichte Rómer den gewünschten Effekt durch Reibung an einer rauen Fläche – wenn man Glück hatte. Manchmal gab es nur einen Knall, aber kein Feuer, immer gab es argen Gestank. Als Rómer aber auf den Gedanken kam, der Masse Phosphor beizumengen, hatte er es geschafft.

Stillleben – Pfeife mit alten Streichhölzern

1832 reichte Rómer um ein »Privileg zur Zündholzerzeugung« ein, dieses entsprach unserem Begriff Patent, es ließ auf sich warten. Rómers Konkurrenten, selbst frühere Mitarbeiter, plagiierten inzwischen seine Erfindung und vermarkteten sie. Nach eineinhalb Jahren erreichte Rómer endlich sein Ziel. Schon 1829 hatte er einen Teil des Rosenbaum'schen Gartens gekauft, dort etablierte er nun die erste Zündholzfabrik Österreichs.

Die *allumettes viennoises* änderten mit ihrem eminenten Erfolg im In- und Ausland den Lebensstil des Erfinders. Franz Grillparzer wurde ein enger Freund, ebenso Ignaz Franz Castelli. Aus dem einstigen Starhemberg'schen Belvedere beim Linienwall wurde ein Landhaus, aus dem reich gewordenen Chemiker ein Wohltäter. Auf seinem großen Grundstück erbaute er das St.-Josef-Kinderspital, das seine Patienten ohne Entgelt behandelte, 1842 eröffnet. Als Stefan Rómer am 30. Juli 1842 seine Baustellen am Schaumburgergrund besuchte, um den Fortgang der Arbeiten zu kontrollieren, stürzte er, verletzte sich und starb.

Die *Wiener Zeitung* würdigte in ihrem Nachruf die Lebensleistung des verstorbenen Fabrikanten – und brachte in eben diesen Tagen auch den folgenden Bericht. Am 3. August 1842 liest man in den »Vermischten Nachrichten«: »Brand durch chemische Zündhölzchen.

Schon im verflossenen Jahr ergab sich der Fall, daß durch unvorsichtiges Hinwegwerfen eines nicht völlig verlöschten Phosphor-Zündhölzchens in einer Wohnung der inneren Stadt Feuer entstand, und hiebey mehrere Zimmer mit sehr wertvoller Austattung völlig ausgebrannt wurden.«

In der Folge wird von weiteren Unglücksfällen mit derselben Ursache berichtet – dennoch ging der Siegeszug der jungen Erfindung weiter.

Einer von Römers Konkurrenten war Aaron Pollak, Besitzer einer Siegellackfabrik. Zu ihm gesellte sich Johann Preshel, der für Römer gearbeitet und dabei viel Know-how erworben hatte. An dieser Stelle ließe sich viel zum Thema Reibzündhölzchen oder *Friktionsfeuerzeuge* erzählen, aber die Wieden hat noch andere Themen zu bieten. So viel muss aber noch sein: Pollak holte den Erfolg Römers ein, übertraf ihn, expandierte in die USA, nach Südamerika, China, mit Niederlassungen in London, New York, Sydney. Der Erfolg der Zündmittel aus Österreich war nicht mehr aufzuhalten. Daran waren auch die nunmehr rotfarbigen Köpfchen der Zünder schuld, die parfümierten »Salonhölzer« sowie die Etiketten in verschiedenen Sprachen.

Diesen immensen Erfolg spürt die Wieden noch heute: Zur Geburt des Thronfolgers Rudolf stiftete Pollak das Rudolphinum, ein Heim mit 75 Plätzen für Studenten der Chemie und Physik. Diese Stiftung besteht noch heute, in der Mayerhofgasse 3.

Genug gezündelt – wie ging es auf den alten Schaumburger Gründen weiter? Rosenbaums Park, Römers Spital, Gotischer Turm und Camera obscura bestehen längst nicht mehr. Das restaurierte Schlösschen der Familie Schönburg-Hartenstein

Palais Schönburg um 1900, Postkarte

jedoch ist nach wie vor in Privatbesitz und kann seit 2008 für Geburtstagsfeste oder Firmenjubiläen gemietet werden.

Woher kommt der Name Schaumburgergrund? Das oberösterreichische Adelshaus der Schaunberger, fälschlich Schaumburger, hatte hier im 15. Jahrhundert die Herrschaft inne.

Die kleinste Vorstadt war Hungelbrunn mit nur elf Häusern. Ihren Namen bekam sie von einem Brunnen, der ohne Unterlass Wasser gab – auch in trockenen Jahren, die zu schlechten Ernten und Hunger führen konnten. Der Hungelbrunnen ließ die elf Häuser nicht im Stich – bis 1680. Da legte die Stadt eine Wasserleitung in das Zentrum, auf den heutigen Neuen Markt, zur Versorgung der Bevölkerung. Die elf Häuser können freilich nicht sehr klein gewesen sein, hier lebten bei der Eingemeindung 1600 Menschen. Am Haus Johann-Strauß-Gasse 19 hält ein Mosaik die Geschichte des Brunnens fest.

Das Schloss Schönburg ist das einzige aus dem Barock auf der Wieden, sieht man von der Favorita ab, deren einstiger Charakter sich durch ihr wechselndes Schicksal und Umbauten verändert hat. Dieser Lieblingsaufenthalt dreier Kaiser, Leopolds I., Josephs I. und Karls VI., verlor seine Favoritenstellung schlagartig, als Maria Theresia Schönbrunn den Vorzug gab. Ihr Vater Karl VI. war 1740 nach anstrengender Jagd im Marchfeld in dem Schloss gestorben. Seit seinem Todestag mied sie die Favorita und übergab das weitläufige Gebäude 1746 dem Jesuitenorden, der daraus eine Schule für Söhne des Adels machen sollte – »die adelige Jugend soll in allen erforderlichen Wissenschaften und Exercitien unterrichtet werden.«

1773 wurde der Orden durch Papst Clemens XIV. aufgehoben, die Piaristen traten ihre Nachfolge im Theresianum an. Aber schon 1783 löste Joseph II. im Zuge seiner Schulreform das Institut auf. Sein Nachfolger Franz II. ließ 1797 die Theresianische Ritterakademie wiedererrichten. Seither ist die Geschichte dieser Eliteschule ein Spiegelbild der Geschichte Österreichs, mit Höhepunkten und Krisenzeiten.

Das Theresianum hat das Ende der Monarchie überstanden, erst die deutsche Verwaltung der Republik hat die Schule 1938 aufgelöst. Der Krieg fügte den Gebäuden schwere Schäden zu,

Karl VI. beim Jagdfrühstück.
Figurinengruppe von Helmut Krauhs

die Schule blieb geschlossen. 1957 zogen erneut Theresianisten in die einstige Favorita, heute ein öffentliches Gymnasium, ohne Einschränkungen von Geschlecht oder Abkunft. Immerhin in einer Hinsicht ist das Gebäude noch immer etwas Besonderes – es verfügt über die zweitlängste barocke Fassade von Wien. Einzig die der früheren Hofstallungen, nunmehr Museumsquartier, ist ein wenig länger.

Unterhalb des Theresianums, in der Favoritenstraße 7, steht das Palais von Erzherzog Carl Ludwig. Was man zuerst zu sehen bekommt, ist eine Fassade der jüngsten Zeit, die sich verkleidet hat, um nicht so schlecht auszusehen angesichts dessen, was im Hof wartet. Das Schlösschen hat eine barocke Vergangenheit, Heinrich von Ferstel hat es für den Erzherzog umgebaut. Carl Ludwig, Bruder von Kaiser Franz Joseph, ist durch seine Söhne in Österreichs Geschichte eingegangen – durch Franz Ferdinand, in Sarajevo ermordet, und dessen jüngeren Bruder Otto, den Vater des letzten Kaisers, Karls I.

In Sichtweite steht die Karlskirche, bedeutendster Sakralbau des Wiener Barock. Das Gebäude selbst und ebenso seine Kunstwerke und Künstler, die beiden Fischer von Erlach, Martino Altomonte, Daniel Gran, J. M. Rottmayr, verlangen eine ausführliche Behandlung, die hier nicht genügend Platz fände.

An das Barockwunder hat man in den 1960er-Jahren einen Neubau geklebt, dem der imposante barocke Vorgänger hatte weichen müssen.

Der Karlsplatz wird gegen den 1. Bezirk vom Wien Museum abgeschlossen. Das Haus ist nicht alt und hat dennoch eine lange Geschichte. Die erste Sammlung zum Thema Wien wurde im neu erbauten Rathaus untergebracht. Sie wuchs sehr schnell, bald war klar, dass der Raum nicht ausreichen würde. Mehrere Projekte wurden eingereicht, auch Otto Wagner machte einen Vorschlag.

Aber der Erste Weltkrieg verhinderte einen aufwendigen Neubau, ebenso der Zweite. Endlich, 1959, wurde eröffnet –

Die Karlskirche mit dem abgebrochenen Nebenhaus, der ältesten Munitionsfabrik Europas

Oswald Haerdtl, früherer Mitarbeiter von Josef Hoffmann, war der Architekt. So entstand ein funktioneller, moderner, qualitätvoller Bau, dessen erster Direktor der Polyhistor und berühmte Buchsammler Franz Glück war. Allerdings ist das Haus mit seinen drei Etagen inzwischen zu klein für die wachsende Sammlung und die sehr beliebten Wechselausstellungen.

Zu der Ausführung des Wagner-Projekts ist es zwar nicht gekommen, dennoch ist der große Visionär am Karlsplatz ungemein eindrucksvoll vertreten. Otto Wagner hat Stationsgebäude

Otto Wagners Museumsprojekt.
Eine Wand, aufgestellt zur Prüfung des Plans

entworfen, die, als hervorragende Bauwerke des Wiener Jugendstils, Teil des Gesamtkunstwerks Stadtbahn sind.

Die Pavillons am Karlsplatz waren bereits für den Abbruch vorgesehen, konnten aber durch massiven Protest der Bevölkerung gerettet werden. Restauriert und wieder aufgebaut dient der eine heute als Außenstelle des Wien Museums, der gegenüberliegende als Kaffeehaus.

Auch wenn man es kaum glauben mag, erstreckt sich der Karlsplatz von der Madergasse hinter dem Wien Museum bis zur Operngasse. So hatte er jedenfalls einst, in seinen Kindertagen, begonnen. Seit 1716 ist allerhand passiert, vor allem der Teich. Ersonnen und geplant von dem schwedischen Gartenarchitekten Sven Ingvar Anderson, führte er zu größter Aufregung. Clemens Holzmeister, oberste Instanz der Baukunst Österreichs, war »erschüttert«, die Tageszeitung *Kurier* taufte den Platz um in »Chaosplatz« und meldete sein Ende im Mai 1977 unter der Schlagzeile »Verplant in alle Ewigkeit«. In der Tat kann von einem Platz längst keine Rede mehr sein. Die sechsspurige Stadtautobahn zwischen Café Museum und dem Schwarzenbergplatz hat den Südrand des einstigen Platzes verschlungen, dennoch hat der Musikverein die Adresse Karlsplatz 6.

2006 wurden die Reste neu begrünt und zum Teil auch neu benannt, so entstanden der Esperantopark, der Rosa-Mayreder-Park und der Girardipark. Den größten Teil des einstigen Karlsplatzes nimmt der Resselpark ein, rund 40 000 m². Seinen Namen hat er vom Schiffsschraubenerfinder Josef Ressel, dessen Denkmal hier steht. Unter »Resselpark« hat man einige Jahre lang eine spezielle Form von Nachkriegshandel verstanden, den Schleichhandel. Zeugnis eines Zeitgenossen: »Ich ging in unsere Trafik, die Trafikantin hatte sich dummerweise in die Partei einschreiben lassen und hatte ihr Geschäft schließen müssen. Sie besaß noch verschiedene Vorräte, aber nichts zu essen. Ich bekam von ihr ein paar Pakete Feuersteine und Zigaretten. Damit ging ich in den Resselpark und machte gute Geschäfte für sie.

Ich brachte ihr Brot, Schmalz, Mehl und andere Lebensmittel …«

Der Feuilletonist Theodor Ottawa schrieb am 25. September 1945: »Man hat den Resselpark so lange bekämpft, bis er geblieben ist. Alle Leute sind über das schändliche Treiben, das sich dort abspielt, sehr empört und sie gehen hin, um sämtliche

Zeichnung »Razzia im Resselpark 1945« von Robert Lukas

Waren aufzukaufen, damit dem Schleichhandel endlich einmal das Wasser abgegraben werde. Die Spekulanten, die sich hier bewegen, haben keine Ausdrücke der Börsenleute. Sie sagen schlicht: ›Glauben S', i bin teppert?‹ Oder ›Hearn S', verzupfen S' Ihnen!‹. Wenn die Polizei eine Razzia plant, dann finden sie im Park nur ein paar dürre Blätter vor, die von alten Weiblein eingesammelt werden.«

Die älteren Damen wissen von nichts, werden aber dennoch perlustriert, wie das in der amtlichen Fachsprache heißt: »Man findet bei ihnen 50 Feuerzeuge und 20 Schachteln Sacharin – niemand will ihnen glauben, daß sie mit dem dürren Laub so schwer Feuer machen und darum einige Feuerzeuge brauchen. Niemand will ihnen glauben, daß sie ihren Ersatzkaffee auch ein bisserl süßen wollen. Nicht einmal den Bedarf an Seife und Seidenstrümpfen, die sie bei sich haben, gesteht man ihnen zu. So sind die Menschen ...«

Die Satire mit ihrem gern boshaften Witz hat die sieben Tausendjährigen Reichsjahre ebenso überlebt wie die Bombenangriffe. Jetzt wird in den Zeitungen empfohlen, der sicher demnächst wiedereröffnete Wurstelprater möge Kasperlstücke bringen wie *Hanswurst als Minister* oder *Der bestrafte Schleichhändler oder Wer zuletzt lacht, hat am meisten!*. Den Drehorgelmännern wird der *Entnazifizierungsmarsch* empfohlen und ein neues Wienerlied – *Mir hat heut' tramt, es gibt kein Brot mehr ...*

Tempi passati, zum Glück. Mit 1948 ging der Schwarzhandel zu Ende. Die Erinnerung an den »Schleich« ist der Gegenwart von Adventmarkt und Hundeplatz gewichen.

Im Resselpark wurde einem der bedeutendsten Mitgestalter der Ringstraßenzeit 1902 ein Denkmal gewidmet – ein Brunnen würdigt den Bildhauer Viktor Tilgner (1844–1896). Er schuf Statuen in großer Zahl – die Dichter Archimedes und Homer und seinen Kollegen Phidias vor dem Parlament, Mozart im Burggarten, Schiller, Goethe, Lessing im Burgtheater und viele andere.

Das Gebäude der Botschaft Frankreichs

Der 4. Bezirk macht dem 3. starke Konkurrenz als Diplomatenviertel. Das prominenteste dieser Gebäude steht am Schwarzenbergplatz: die französische Botschaft. Das Gebäude wurde zwischen 1900 und 1909 erbaut, sein Architekt war Georges Chedanne. Sein Begriff von Jugendstil deckte sich nicht mit jenem von Wien, Art Nouveau war nicht dasselbe wie der Secessionsstil. Das neue Haus wurde heftig angefeindet, als Inbegriff schlechten Geschmacks.

Jedermann wusste etwas dazu zu sagen. Natürlich stimmte vieles nicht – wie die Erklärung der roten Kavalleriehosen, sie seien Restbestände der mexikanischen Armee des unglücklichen Kaisers Max von Mexiko, oder sein Bruder Franz Joseph I. sei 169 cm groß, und er reiche nur Familienmitgliedern die Hand.

Unter den vielen Gerüchten, die einst die Kaiserstadt durcheilten, als noch kein Google oder ein ähnliches modernes Orakel befragt werden konnte, betraf eines auch das Botschaftsgebäude. Man habe die Pläne für Konstantinopel und Wien verwechselt, daher die merkwürdige Fassade. Und in der Tat wirkt das Haus seltsam und scheint sich selbst nicht ganz wohl zu fühlen, in seiner Umgebung von Hochbarock und geballtem Historismus. Ob in Buenos Aires vergleichbare Gerüchte en vogue waren? Jedenfalls hat Chedanne ein ganz ähnliches Botschaftsgebäude in die argentinische Hauptstadt gestellt.

À propos – in der Argentinierstraße wurden im späten 19. Jahrhundert mehrere Wohnhäuser und Palais im Stil des Historismus erbaut, die zum Teil heute exterritoriales Gebiet sind.

Das ehemalige Palais Falkenstein dient als griechische Botschaft. Weiter aufwärts, an der linken Straßenseite, findet sich eine venezianische Spur – ein großes Glasmosaik der berühmten Firma Salviati aus Venedig. Fellner und Helmer entwarfen dieses Haus im Stil der italienischen Renaissance.

Das Nebengebäude ist der Sitz der Handelsvertretung Russlands. Bald danach ragt aus einem Wohnhaus die Trikolore grün-weiß-rot, Sitz des italienischen Konsulats. Knapp vor dem Ende der Straße, an der Ecke zur Theresianumgasse, hat die Botschaft des Königreichs Spanien ihren Sitz. In der nahen Prinz-Eugen-Straße sind weitere Staaten vertreten – Brasilien, Rumänien, Türkei.

Ein Gebäude in der Mitte der Argentinierstraße verdient ganz besondere Erwähnung, ein wichtiges Werk des großen Clemens Holzmeister und zweier Partner – das Funkhaus. Ab 1935 erbaut ist es ein Stück bester österreichischer Kulturgeschichte.

In der nahen Plößlgasse stehen zwei kleine Wohnpalais, die die Namen ihrer ersten Besitzer tragen – Albert Baron Rothschild auf Nr. 5–7, früher ein Teil des Palais Prinz-Eugen-Straße 26, und Nathaniel Rothschild auf Nr. 8.

Das Palais Alphonse Rothschild stand auf leichter Anhöhe, Ecke Theresianumgasse und Argentinierstraße, und bot über den weit ausgedehnten Park ein prächtiges Blickfeld von der Kuppel der Karlskirche über die Innere Stadt. Von den neuen Machthabern 1938 beschlagnahmt, wurde das Palais Sitz der SS und der Gestapo. Durch Bombentreffer wurde es so schlimm beschädigt, dass es bald nach Kriegsende abgerissen wurde. Im Nachfolgebau ist außer dem Theater Akzent auch das Bildungszentrum der Arbeiterkammer untergebracht.

Das prächtigste aller Rothschildpalais in diesem Viertel hatte sich Albert Freiherr von Rothschild zwischen 1879 und 1884 in der Heugasse, heute Prinz-Eugen-Straße 20–22, erbauen lassen. Seine Kunstsammlung war weltberühmt, er galt als reichster Mann Europas. Seinem Sohn Louis gelang 1938 die Flucht vor den Nazis nicht, er wurde verhaftet und im Hotel Metropol, dem Gestapo-Sitz, ein Jahr lang misshandelt und zum Verzicht auf den gesamten Besitz gezwungen. Dann konnte er Österreich verlassen, ein gebrochener Mann. Das Palais konfiszierte der SD, eine SS-Dienststelle. In den Rothschild'schen Räumen residierte nun der Inbegriff der hochgebrodelten Unterschicht, Adolf Eichmann mit seinem Spießgesellen Alois Brunner. Sie organisierten den Mord an mehr als 65 000 österreichischen Juden.

Prinz-Eugen-Straße 26 ist heute der Sitz der brasilianischen Botschaft, auch dieses Haus war und ist in Rothschildbesitz.

Im Palais Miller-Aichholz, Prinz-Eugen-Straße 28, hatte eine überaus schillernde Persönlichkeit die Nachfolge des Bauherrn, des berühmten Kunstsammlers Eugen von Miller zu Aichholz, angetreten. Im Sommer 1918 erwarb der Glücksritter Camillo Castiglioni den prachtvollen Besitz – mitsamt den fünf großen Tiepolo-Bildern im Stiegenhaus. Den neuen Besitzer treffen wir bald wieder, im 8. Bezirk. Das vom Krieg nur leicht beschädigte Palais wurde wie so vieles in Wien abgerissen, im Jahr 1961. Die Tiepolo-Bilder gehören längst dem Metropolitan Museum in New York.

Auf Wiedner Hauptstraße 15–17 steht der Habig-Hof. Die 1862 gegründete Hutfirma Peter Habig erzeugte weltweit geschätzte Produkte. Das elegante Verkaufslokal im Parterre und die stolze Fassade grüßen aus dieser vergangenen Zeit. Auf

Eine Erinnerung in Venedig an die Weltfirma Habig

Nr. 29 stand die Fabrik, deren Erzeugnisse sehr populär waren, bis Hüte langsam aus der Mode kamen.

Diese uralte Straße in den Süden ist so voller Geschichte, wir bleiben noch. An ihrem Beginn, Haus Nr. 7, steht das alte Hotel »Goldenes Lamm«, sein berühmtester Stammgast war der Komponist Antonín Dvořák, dem eine Gedenktafel gewidmet ist.

Eine Fußnote: Im Fiakerlied heißt es »Vom Lamm zum Lusthaus fahr' ich ...« Dieses Lamm jedoch ist nicht jenes. Das Fiaker-Lamm stand in der Praterstraße 7, wurde im Krieg zerbombt und hat einem Neubau der Bundesländer-Versicherung Platz gemacht. Von da zum Lusthaus kann der Fiaker durchaus in den im Text genannten zwölf Minuten fahren – »nur allweil trab, trab, trab«. Vom »Lamm« auf der Wieden wäre das unmöglich. Und um zu verhindern, dass mein Verlag böse Briefe von Wienerliedkennern bekommt, noch eine Bemerkung: Im Urtext heißt es

»vom Grab'n zum Lusthaus«, doch aus dem Grab'n ist bald das »Lamm« geworden, dessen Portier wird wohl den Liedsängern günstigere Konditionen geboten haben.

Und jetzt im Galopp zurück zum »Goldenen Lamm«: Der Fernverkehr war in grauer Vergangenheit an bestimmte Gasthöfe angebunden. Von diesem Lamm gingen Stellwagen nach Hainburg, Mödling, Pottendorf. Wer auf die Reise nach Güns oder Steinamanger gehen wollte, bestieg den Stellwagen gegenüber, beim Hotel »Zur Stadt Ödenburg«.

Auf Nr. 12 stand der »Schwarze Bär«, später Hotel »Stadt Triest«, heute »Das Triest«. So weit fuhren die Stellwagen von hier zwar nicht, man kam aber immerhin nach Laxenburg oder Traiskirchen.

Habig-Hof und Gluck-Haus haben wir schon besucht, nächste Station: Wiedner Haupstraße 44, »Zum Ritter Sankt Georg«. Hier lohnt es sich, zu verweilen – man lernt Bezirksgeschichte. Ein Sgraffito zeigt den »Klagbaum« und das Wappen von Hungelbrunn, die sagenhaft tapfere Elisabeth und das Schaumburger Wappen, den Laszlaturm und das Wiedner Wappen, den Kampf mit dem Bären, die Osmanen, die *Zauberflöte*.

Dieser mutigen Elisabeth begegnen wir gleich wieder, vor dem Café Wortner, auf Nr. 55. Sie war eine Müllerstochter, in diesem Mühlenbezirk sicher eine gute Partie. Die beiden Gauner, zu deren Häuptern sie sich offensichtlich gerade das Haar wäscht, hat sie unschädlich gemacht, der eine hieß Hans Aufschwing, vom zweiten kennen wir nicht den Namen, aber den Beruf, er war Wirt. Nun sitzt er da als eine Warnung für die Inhaber des gastronomischen Betriebs in seinem Rücken.

Sollten Sie sich schon oft Gedanken gemacht haben, wer denn dieser Sir Edgar Joseph Böhm sein kann, an den eine Gedenktafel am Haus Wiedner Hauptstraße 60 erinnert – Sie sind am Ziel. Vater und Sohn Böhm waren Graveure. Böhm sen., Joseph, war Direktor der Graveurakademie am Hauptmünzamt in Wien.

1834 geboren, war Böhm jun., nunmehr Boehm, schon mit 22 Jahren außerordentlich erfolgreich – in London, als Bildhauer. Er blieb, hatte weiterhin großen Erfolg mit seinen Statuen, wurde Brite, Mitglied der Royal Academy, geadelt, bekam zahlreiche hoch dotierte Aufträge, wurde Freund und Lehrer einer Tochter von Queen Victoria. Eine Statue dieser Frau, der Königin und Kaiserin, die beinahe die Schwiegermutter Sir Edgar Josephs geworden wäre, schuf er für die Stadt Bristol.

Nr. 62 ist der Sitz der Freien Bühne Wieden, gegründet von Topsy Küppers und Carlos Springer, seit Jahrzehnten eine mutige Stätte zahlreicher Uraufführungen. An der Stelle von Haus Nr. 64 stand vor langer Zeit der Klagbaum, der nicht nur blühte, sondern eben auch klagte und so vor drohenden Gefahren warnte. Wäre das tatsächlich so gewesen, er stünde als amtliche Institution heute noch hier.

Nun sind wir bei St. Thekla. St. Thekla an der Wiedner Hauptstraße 82 ist keine Pfarrkirche wie die bisher erwähnten Gotteshäuser. Sie gibt zusammen mit dem Klostergebäude einen Eindruck ihrer Bauzeit. Die Piaristen erwarben 1752 einen Grund auf der Wieden und bauten eine Kirche und ein Kloster, geweiht am 26. September 1756. Ihr Baumeister war Matthias Gerl, den Piaristen ein vertrauter Partner. Er hatte schon den Umbau der Kirche in der Josefstadt geleitet. Gerl war ein Mann der Praxis, klarer Entscheidungen, zupackend und hilfreich. 1752 überantwortete ihm Maria Theresia den Umbau der alten Burg von Wiener Neustadt in eine moderne Lehranstalt, die Alma Mater Theresiana, die Militärakademie. Gerl war aber nicht nur Praktikus, er war sehr wohl auch Künstler, das hat er mit der schönen Pfarrkirche von Traiskirchen bei Baden bewiesen.

Der Piaristenorden hat eine spanisch-italienische Gründungsgeschichte. In Nikolsburg in Mähren hatte er seine erste Niederlassung nördlich der Alpen, bald folgten weiter Klöster in Österreich. In Wien wurde eine erste Kirche erbaut, ihr Baumeister dürfte Johann Lucas von Hildebrandt gewesen sein.

Porträt Joseph Missons

Der herrliche Burgschauspieler Richard Eybner – Sie erinnern sich?! – hat mir in mehreren Vortragsabenden einen Piaristen nähergebracht, der auf der Wiedner Hauptstraße nicht zu vermuten war. Joseph Misson starb 1875 im Kollegium St. Thekla. Seine Herkunft und sein Lebenslauf waren zwar nicht von Abenteuern, aber von aufregender Buntheit geprägt.

Der Vater war Friulaner aus Udine, Giovanni Battista Misson. In diesem Familiennamen steckt das altitalienische Wort für Pflicht, aus dem später *missione* wurde. Lebenspflichten und eine spezielle Mission haben den Sohn des Friulaners Joseph geprägt, dessen Mutter aus Zemling am Mannhartsberg stammte. Und dort kam 1803 Misson filius zur Welt, in Mühlbach ist er als achtes Kind des lebensfrohen niederösterreichisch-italienischen Elternpaares aufgewachsen.

In Krems hat er maturiert, dann wurde er Piaristen-Novize. 1826 trat er seine erste Stelle als Lehrer an, und diese Berufung blieb ihm sein Leben lang, auf diese oder jene Weise. In Horn, Krems und Wien hat Misson unterrichtet, in Stein war er 1848/49 Kaplan der Nationalgarde. Wenige Jahre später übersiedelte er nach Wien und blieb im Kloster St. Thekla bis zu seinem Lebensende als Bibliothekar.

Und weshalb musste das alles erzählt werden? Weil Joseph Misson neben seinen Priesterfunktionen eine zweite Mission erfüllte. 1850 erschien der erste Teil seines bedeutenden Werks *Da Naz. A niederösterreichischer Bauernbui geht in d' Fremd'.*

In Hexametern erzählt Misson in der Mundart seiner Heimat ein ihm vertrautes Schicksal – ein Denkmal für den niederösterreichischen Dialekt, der nicht gleich dem der Wiener ist – und stellt in immer wieder rührender Weise das einfache Leben im Dorf dar, auch die Schönheit seiner heimatlichen Landschaft.

Joseph Misson hat nicht die Anerkennung gefunden, die er verdient hätte. Sein Werk soll nicht verloren gehen, vielleicht findet sich noch ein Sprachmeister, der dem *Naz* zum Weiterleben verhilft. Richard Eybner jedenfalls hat dem *Naz* viele Vortragsabende gewidmet, das Werk auch auf Schallplatte aufgenommen. In St. Thekla ist Misson am 28. Juni 1875 gestorben.

Bei St. Thekla mündet die Phorusgasse – die nicht griechisch »Forusgasse« auszusprechen ist, sondern mit stummem H, also Porusgasse, denn … Das soll der bewährte Chronist Franz Gräffer erklären (Kleine Wiener Memoiren, Wien 1845): »Phorus ist ein Wort, welches man weder in einem griechischen, noch in einem Sprachwörterbuch findet. Auch in einem Personenlexikon wird man es nicht antreffen. Neulich aber ward behauptet, das Wort Phorus müsse durchaus hellenischen Ursprungs, wohl gar mythologisch sein. Bei dem Anblick dieser Zeilen werden viele Leser lächeln, nämlich jene, welchen die Komposition des Wortes Phorus bekannt ist; alle aber wissen sie doch nicht. Dieses Wort, welches die erste privilegierte Holzzerkleinerungsanstalt Wiens bezeichnet, ist aus den Anfangsbuchstaben der ersten Unternehmer jener Anstalt zusammengesetzt, nämlich: Palffy, Hackelberg, Offenheimer, Remscher, Unger, Schönfeld.« Diese »Anstalt« hat einfach aus Baumstämmen handliche Scheiter geschnitten und bestand bis 1856. Vom Holz zum Metall: Von der Paulanerkirche führt in Richtung Schwarzenbergplatz die Gusshausstraße, die ihre Geschichte schon im Namen trägt. Das Haus, das ihr den Namen gab, stand auf Nr. 25. Als k. k. Kanonengießerei 1750 erbaut, hat es 1850 diese Aufgabe verloren, im neuen Arsenal wurde nun gegossen. Doch ganz hat das alte Institut seine Funktion nicht aufgegeben, denn 1861 hat man hier eine Fachschule eingerichtet, das k. k. Kunsterzgießhaus zur Ausbildung von gießtechnisch begabten Jungkünstlern. Ihr Leiter war Anton Dominik Fernkorn, ein wirklicher Meister dieses Fachs. Er hatte im selben Gebäude sein Atelier, was seinen Schülern zugute kam. In diesen Räumen sind die beiden prominentesten Reiterstatuen Wiens entworfen und gegossen worden, Prinz Eugen und Erzherzog Carl vom Heldenplatz.

Aber schon hundert Jahre vor dem aus Erfurt gebürtigen Fernkorn war ein anderer Großer der Bildhauerei im Gusshaus am Werk – Franz Xaver Messerschmidt. Er kam 1736 in Wiesensteig in der Nähe von Stuttgart zur Welt, doch wie Fernkorn wurde auch ihm Wien zur Schicksalsstadt. Ab 1755 studierte er an der Akademie der bildenden Künste und fand einen Förderer im Hofmaler Martin van Meytens. Dieser verschaffte dem jungen Kollegen eine Stelle als Kanonenrohr-Ziseleur im Gusshaus.

Ein tragisches Schicksal hat beide Gusshaus-Künstler getroffen. Anton D. Fernkorn hat mit der Statue Erzherzog Carls eine bis heute viel beachtete virtuose Meisterleistung vollbracht – das Feldherrnross steht auf zwei Beinen, kein Strauch oder Baumstamm stützt den tonnenschweren Leib, die Gussmasse hatte ein Gewicht von 350 Zentnern. Zum Studium der

Anton Dominik Fernkorn mit dem Modell des Carl-Denkmals

Bewegungen ließ sich Fernkorn immer wieder Pferde aus den Hofstallungen in sein Atelier bringen. Auch Ernst Renz, der Zirkusdirektor, setzte seine edlen Hengste in der Gusshausstraße in allen Gangarten in Bewegung, um den Bildhauer zu unterstützen.

Lange Zeit konnte man sich nicht erklären, wie er das Kunststück zustande gebracht hatte – die temperamentvolle Bewe-

gung auf der Hinterhand ohne Stütze. Als das bald abgesagte Projekt einer Garage unter dem Heldenplatz zu Probearbeiten in der Erde führte – da zeigte sich, dass das Geheimnis der Statue unter dem Erdboden lag. Wie ein Segelboot durch ein Kielschwert an Stabilität gewinnt, so auch das Denkmal. Fernkorn hatte eine rund elf Meter lange Metallschiene in den Sockel und den darunterliegenden Boden versenkt.

Dieses Kunststück wollte er beim Eugen-Denkmal wiederholen, doch es gelang ihm nicht. Das Pferd des Savoyers kann die Levade nur schaffen, weil der Schweif sich auf den Sockel stützt. In diesen Monaten traf den Meister mehrmals der Schlag – er konnte sein Eugen-Projekt nicht zu Ende führen. Er soll infolge von Überanstrengung und Schwermut den Verstand verloren haben. Fernkorn kam 1868 in eine Irrenanstalt.

Franz Xaver Messerschmidt wurde neben Hofmaler van Meytens auch von Maria Theresia sehr geschätzt – 1769 bekam er eine Stelle an der Wiener Akademie. Aber 1771 zeigten sich Anzeichen schwerer seelischer Störungen, die 1774 zu seiner

Pensionierung führten. Messerschmidt übersiedelte zu seinem Bruder nach Pressburg – und begann mit der Serie seiner weltberühmten Charakterköpfe. Zur selben Zeit brach seine Geisteskrankheit aus. Die Bleigüsse dieser Reihe von grotesken Fratzen sind zum Teil im Besitz des Belvedere.

Ein Erzbösewicht

Und die Gusshausstraße 25? 1900 war Schluss mit der Gießerei, im Haus wurde das Elektrotechnische Institut untergebracht.

Abschließend sei noch ein Haus mit Geschichte erwähnt: An den außerordentlich seltenen Fall eines Attentats auf einen österreichischen Monarchen mag man an der Ecke Operngasse und Schleifmühlgasse denken. Das Haus »Zum grauen Adler« war im Besitz des Fleischhauermeisters Josef Ettenreich. Er durfte sich »von Ettenreich« nennen, nachdem er einen schwarzgelben Adler gerettet hatte: Er hatte am 18. Februar 1853 mitgeholfen, das Attentat des Schneiders Johann Libenyi auf Franz Joseph I. zu verhindern. Der junge Kaiser war nur leicht verletzt, er wünschte nicht die Todesstrafe für den Attentäter – aber die Minister waren entschieden dafür. Libenyi wurde gehenkt. Franz Joseph setzte der Mutter des jungen Mannes eine lebenslange Rente aus, von ihm selbst bezahlt.

Wien V

Margareten

Gegründet: 1861
Fläche: 2,03 km²
Bezirksmuseum: Schönbrunner Straße 54

Die Ur-Margaretener waren Matzleinsdorfer. Ein Herr Otto von Mazilinestorf war Zeuge in einem Prozess – 1136. Damit tritt das einstige Dorf, der heutige Bezirk, in die protokollierte Geschichte ein.

Diese frühe Siedlung befand sich zwischen dem Matzleinsdorfer Platz und der alten Florianikirche, ungefähr bei Wiedner Hauptstraße 106–112.

Bevor wir uns erneut über die schrecklichen 1960er-Jahre aufregen, zu deren Opfern auch die schöne alte Rauchfangkehrerkirche gehört hat, wollen wir noch im Mittelalter bleiben.

1850 kamen die Vorstädte zu Wien, 1861 wurde neu eingeteilt – also steht dieses Jahr am Beginn des Bezirks von heute. Aber 1874 und noch einmal 1907 fielen Stadtplanung und Bürokratie über Margareten her und erst seither hat der Bezirk seine heutige Form.

Er ist aus fünf alten Siedlungen erwachsen – Hundsturm, Laurenzergrund, Matzleinsdorf, Reinprechtsdorf und eben Margareten. Und hier gleich eine Bemerkung zum Bezirksnamen, denn es gilt, eine erfundene Provenienz endlich dahin zu befördern, wohin sie gehört, ins Nichts. Immer wieder kommt jemand und weiß ganz sicher, dass Margarete von Tirol, genannt Maultasch, die Namensgeberin gewesen sei. Sie hat nämlich hier in den letzten Jahren ihres Lebens gewohnt. Doch gestorben ist sie nahe der Minoritenkirche, und die Bezirkspatronin ist eine andere Margarete, die von Antiochia.

Dieser Heiligen hat eine Familie Tirna eine Kapelle gestiftet, am heutigen Margaretenplatz. Rudolf von Tirna, Ludwig von Tirna und dessen Frau Anna besaßen den Hof beim heutigen

Margaretenplatz. Die türkischen Scharen haben Hof und Kapelle 1529 weitgehend zerstört. Die Ruinen blieben lange stehen, bis sie 1555 von Miklós Oláh, dem ungarischen Kanzler und Erzbischof von Gran, erworben wurden. Der Primas von Ungarn ließ das Schloss und die Kapelle wieder aufbauen. Dazu gestaltete der bedeutende Schriftsteller und Humanist einen ausgedehnten Schlossgarten im modernen Stil der Spätrenaissance. Das ungarische Miklós entspricht dem deutschen Nikolaus – und aus dem Dorf des Nikolaus wurde Nikolsdorf, 1862 eingemeindete Vorstadt.

Die heilige Margareta stammte aus der südlichen Türkei, die Märtyrerin zählt zu der Gruppe der 14 Nothelfer. Ihr soll der Teufel in Lindwurmgestalt erschienen sein. Früher kannte jedes – katholische – Kind den Merkspruch zum Thema Märtyrerinnen und ihre Attribute: »Die Gretl mit'n Wurm, die Bärbl mit'n Turm, die Kathi mit'n Radl, sein die drei heiligen Madl.«

Dieser Platz ist der seltene Fall eines Zentrums mit historischer Wurzel. Das ist nicht in allen Bezirken so. Der Margaretenbrunnen in der Mitte des Platzes unterstreicht seit 1836 seine Würde. Er zeigt die heilige Margarete mit dem Lindwurm, dem Teufelsdrachen, und erinnert auf diese Weise an die alte Kapelle.

Das eindrucksvollste Bauwerk des Platzes, der Margaretenhof, ist aber weit jünger als die historischen würdevollen Schlossreste um Nr. 2 und 3. An der Stelle des alten Brauhauses steht seit 1885 ein Ensemble mit gleich drei Adressen – Margaretenplatz, Margaretenstraße, Pilgramgasse. Damals richteten sich viele Kommunalpolitiker und Architekten nach Ideen, die aus England kamen. Das Paradebeispiel dafür sind die Cottagesiedlungen in Wien XVIII und XIX, in Hietzing, Lainz, Perchtoldsdorf. In Wien wird das englische Wort traditionell französisch ausgesprochen – also etwa Kottehsch. Mehr dazu, wenn wir einmal dort angelangt sind. Jedenfalls orientierte man sich an britischen urbanen Formen, mit Vorgärten auch im städti-

Margaretenhof

schen Verband, geschlossen und so vom Straßenverkehr abgeschirmt.

Die Architekten Ferdinand Fellner und Hermann Helmer hatten sich eigentlich auf Theaterbauten spezialisiert – in der Donaumonarchie standen sie in großer Zahl, in ganz Europa waren es 48, in Odessa, Zürich, Karlsbad … Und in Margareten steht als Ausnahme dieses schlossartige Mietshaus, in dem zu wohnen auch eine Prestigeseite hat.

Dabei hat der 5. Bezirk ein zweites Zentrum, an einer der Hauptstraßen, ein auf den ersten Blick einfacher Bau, der dennoch in der ersten Reihe steht – eine Kirche. 1761 begann die Stadt Wien den Sonnenhof, das Margaretner Armenhaus, auszubauen. 1765 wurde der Grundstein für die angeschlossene Kirche gelegt, 1771 wurde sie vom Wiener Kardinal-Erzbischof Christoph von Migazzi geweiht, in Anwesenheit von Maria Theresia und ihrem Sohn und Mitregenten Joseph II. Die Altäre hat Ferdinand Hetzendorf von Hohenberg entworfen, das Altarbild hat Bartolomeo Altomonte geschaffen. In der Sakristei der Pfarrkirche St. Josef gibt es eine Darstellung des heiligen Leonhard von dem großen Barockmaler Franz Anton Maulpertsch.

Das ist alles von Bedeutung für Wien als Stadt der Kunst, aber den Atem stocken lässt ein Ereignis der Musikwelt. In dieser Kirche ist Franz Schuberts *Deutsche Messe* zum ersten Mal erklungen. 1826 übergab der Technik-Professor Johann Philipp Neumann seine Texte dem Komponisten, der zwei Fassungen schrieb. Eine weitere, eine von vielen folgenden, brachte Bruder Ferdinand zu Notenpapier. Und so ist in St. Josef zum ersten Mal zu Beginn der Messe die innige Melodie gesungen worden »Wohin soll ich mich wenden«, zum Gloria das machtvolle »Ehre, Ehre sei Gott in der Höhe«.

In ebendieser Pfarrkirche hat Wien von diesem so eminent wienerischen Weltgenie Abschied genommen. In seinem kurzen Leben hat Schubert ein unglaublich reiches Werk geschaffen – acht Symphonien, sieben Messen, Streichquartette und Klavierwerke, er hat dem Lied zum Sieg und den Männerchören in eine neue Zukunft verholfen.

Einmal nur hat er ein großes öffentliches Konzert erleben dürfen, am 26. März 1828, wenige Monate vor seinem Tod. Die Gesellschaft der Musikfreunde spielte im kleinen Redoutensaal Trios und Streichquartette, Josef Vogl sang mehrere Lieder, Josephine Fröhlich, der Grillparzer-Geliebten Kathi Fröhlichs Schwester, brachte mit ihren Schülerinnen *Das Ständchen* nach dem Gedicht von Franz Grillparzer, ein Männerchor sang Klopstocks *Schlachtgesang*. Der Reinertrag von 800 Gulden bedeutete einen großen Erfolg, der dem melancholischen Komponisten in ständigen Nöten Hoffnung machte.

In der nahen Kettenbrückengasse ist Franz Schubert am 19. November 1828 gestorben, er hatte die letzten Lebenstage bei seinem Bruder Ferdinand verbracht. Sein Arzt hatte ihm zu einem Leben in geordneten häuslichen Umständen geraten.

Das Haus Kettenbrückengasse 19 (nach heutiger Zählung Nr. 6) wurde 1828 fertiggestellt. Mit seinen noch feuchten Mauern soll es zu einer Verschlimmerung der Gesundheit Schuberts beigetragen haben. Allerdings hatte er sich kurz zuvor noch durchaus wohlgefühlt, hatte Pläne gemacht. Am 4. November hatte er sich noch bei Simon Sechter angemeldet, dem wichtigsten Lehrer für Musiktheorie dieser Zeit.

Es ging ihm schon sehr schlecht, als er an seinen Freund Franz von Schober am 11. November schrieb: »Ich bin krank. Ich habe schon elf Tage nichts gegessen und nichts getrunken, und wandle matt und schwankend von Sessel zu Bett und zurück. Sey also so gut, mir in dieser verzweiflungsvollen Lage durch Lectüre zu Hilfe zu kommen. Von Cooper habe ich gelesen: Den letzten der Mohikaner, den Spion, den Lootsen und die Ansiedler. Solltest du vielleicht noch etwas von ihm haben, so beschwöre ich dich, mir solches bey der Frau von Bogner im Kaffeehaus zu depositieren. Mein Bruder, die Gewissenhaftigkeit selbst, wird solches mir am gewissenhaftesten überbringen.« Viel wird Franz Schubert wohl nicht mehr gelesen haben.

In St. Josef hat man ihn aufgebahrt. In der Trauerparte des Vaters heißt es: »... Zugleich haben ich und meine Familie unseren verehrlichen Freunden und Bekannten hiermit anzuzeigen, daß der Leichnam des Verblichenen Freitag den 21. d. M. Nachmittags um halb 3 Uhr von dem Hause No. 694 auf der Neu-Wieden in der neugebauten Gasse nächst dem sogenannten Bischof-Stadel in die Pfarrkirche zum heiligen Josef in Margarethen getragen und daselbst eingesegnet werde.«

Es sind nur wenige Schritte von Franz Schuberts letzter Adresse bis zu einem Haus, in dem man dem großen Meister ein fröhliches Andenken gewidmet hat. Um 1900 sind im gartenartigen Hof des Gasthauses »Zur Goldenen Glocke« in der Kettenbrückengasse 9 zwei riesige bunte Wandbilder geschaffen worden, dem Thema »Musik aus Wien« huldigend. Eines zeigt den heiligen Petrus in einem sehr lustigen, doch weihevollen Himmel. Ihn umringen die Engerln, die offensichtlich »auf Urlaub nach Wean« gekommen sind, das zahlreiche übrige Personal gab Anlass zu Ratespielen während des Essens. Eine Hälfte zeigt die große Musik aus Jahrhunderten, mit den Klassikern Mozart, Haydn, Gluck und eben auch Schubert. Die andere Hälfte ist der damals aktuellen Gegenwart gewidmet – mit den Schrammeln, Ludwig Gruber (*Mei Muatterl war a Weanerin* ...), dem singenden Fiaker Bratfisch. Leider »gab« es das, seit Jahren ist dieses köstliche Gasthaus geschlossen.

An ein ganz anderes Stück Wien lässt die gegenüber von St. Josef mündende Gasse denken, die Ramperstorffergasse. Sie soll an den Stadtrat Konrad Ramperstorffer erinnern, der mit Margareten durchaus zu tun hatte, obwohl er im damaligen Wien zu Hause war, also innerhalb der Stadtmauern. Zu seinen Aufgaben gehörte die Finanzgebarung beim Bau der Kirche Maria am Gestade, er war deren Bauverwalter. Aber seine wohlhabende Familie hatte seit dem 13. Jahrhundert Grund und Boden, in erster Linie Weingärten, in Reinprechtsdorf. Die Lokalgeschichte deutet den Namen Ramperstorffer als ein schlampig gesprochenes Reinprechtsdorfer, somit hätte die Familie gleich zwei Straßen zu ihrem Gedenken. Ramperstorffer war ein treuer Gefolgsmann seines Bürgermeisters Konrad Vorlauf. Doch dieser geriet in die Wirren der großen Politik und verlor seinen Kopf. Zusammen mit den Stadtratskollegen Rockh und Ramperstorffer wurde Vorlauf am Schweinemarkt, dem heutigen Lobkowitzplatz, am 11. Juli 1408 geköpft. Das mag jedermann und jederfrau eine Warnung sein, sich allzu sehr auf Kommunalpolitik einzulassen. Ich habe das erste Jahr meines Lebens in dieser Gasse des kopflosen Ratsmitglieds verbracht, habe die Warnung des Schicksals begriffen. So habe ich mich lieber an die Gedanken gehalten, die einem in der nahen Margaretner Kirche kommen können, in der ich getauft worden bin, eben an Franz Schubert.

St. Josef steht nach wie vor – St. Florian ebenfalls, aber in etwas merkwürdiger Form. Die neue, relativ neue, Kirche mag man aus einiger Entfernung für ein Fabriksgebäude halten. Die wahre, die einstige Kirche »Zum heiligen Florian« ist 240 Jahre lang majestätisch in der Mitte der Wiedner Hauptstraße gestanden, knapp bevor die südwärts Reisenden die Steigung zur Spinnerin am Kreuz auf sich genommen haben. 1725 erbaut, gestiftet von Kaiser Karl VI., hat der Kirchenbau mehr und mehr Kritik, ja Spott geerntet, je mehr sich Auto und Straßenbahn und kurzsichtige Vernunft durchsetzten. Dem Reiter, der Kutsche, dem wandernden Handwerker hat es nichts gemacht, vorbeizugehen, ja, man ging auch gern hinein.

Schon Karls VI. Enkel Joseph II., der ja alles besser wusste, wollte die Kirche aus dem Weg räumen. Frühe Denkmalschützer, die Pfarrgemeinschaft vor allen anderen, haben damals erfolgreich protestiert.

Auch in den Jahren Karl Luegers kam die Idee der Zerstörung von St. Florian auf. Damals entstand ein Spottgedicht, im nahen Rauchfangkehrermuseum im 4. Bezirk kann man es lesen:

> Wir halten Sankt Florian in Ehren,
> Der uns vor Feuersnot bewacht.
> Doch seine Kirche mit der Säule
> Wär' besser seitwärts angebracht.

Die moderne Verkehrstechnik brauchte eine Unterführung, also weg mit dem Hindernis in der Höhe. Die technische Umsetzung zeigte, dass es auch anders gegangen wäre, und so ist ein Stück gutes Wien völlig sinnlos geopfert worden.

Sein Patron Florian hat dem Kirchlein seinen zweiten Namen gegeben, Rauchfangkehrerkirche. Der heilige Florian hat ja

Die Rauchfangkehrerkirche wird abgebrochen ...
»uns zur Trauer, und das Schöne zeigt die kleinste Dauer.«

nicht nur eine Aufgabe, er hat viele. Da ist vor allem der Schutz vor Brandgefahr, also hält St. Florian seine Hand über die Feuerwehren. Doch im Mittelalter, bevor es eine organsierte Feuerwehr gab, zählte der Brandschutz zu den Pflichten der Kaminfeger. Ein intakter Schornstein, durch den der Rauch der Herde und Öfen gut abziehen konnte, bedeutete Lebensqualität, trug aber auch zur Sicherheit bei. St. Florian ist auch Schutzpatron der Rauchfangkehrer.

Ein Stahlbetonbau wie die heutige Kirche St. Florian ist auch die Auferstehung-Christi-Kirche in der Siebenbrunnenfeldgasse 22–24. Im Gegensatz zu jener ist sie sofort als Gotteshaus zu erkennen.

Gleich ums Eck in der Hartmanngasse steht ein Ordensspital, das sich eines besonders guten Rufs erfreuen darf, das Hartmannspital. 1865 wurde es von den Franziskanerinnen von der christlichen Liebe in der Nachfolge des früheren Wiedner Spitals eröffnet. Dieser Orden ist eine Wiener Gründung, 1857 durch den Erzbischof Kardinal Josef Othmar von Rauscher. Der Mangel an Krankenschwestern hatte zu der Ordensgründung geführt. Zuerst wurden zwei kleine Häuser in der Hartmanngasse gekauft, 1888 begannen die Schwestern einen Neubau, 1891 wurde er eingeweiht. Immer wieder auf letzten technischen Stand gebracht und 1993 wesentlich erweitert, verfügt das Spital über die meisten modernen medizinischen Einrichtungen. Hier hat Paula Wessely ihre letzten Wochen verbracht, hier ist sie gestorben.

1913 trat Helene Kafka in den Franziskanerinnen-Orden ein, sie stammte aus der Nähe von Brünn. Nun war sie eine Hartmann-Schwester, das war der gebräuchliche Name anstelle des längeren offiziellen. Der Orden setzte sie auch in seinem Spital in Mödling ein. Ich hatte eine Tante, die im Zweiten Weltkrieg zum Arbeitsdienst in diesem Krankenhaus eingeteilt wurde. Diese Tante hat ihr Leben lang immer wieder ausführlich von Schwester Maria Restituta – das war Kafkas Ordensname – erzählt. Mit ihrem Mut und ihrer aufrechten Haltung gegen das Hitler-Regime beeindruckte sie Patienten und Pfleger. Sie übte unentwegt laute Kritik an den neuen Herren, obwohl sie immer wieder gewarnt wurde. Sie protestierte resolut, als die Kruzifixe aus den Krankenzimmern entfernt werden sollten. Diese Haltung hielt sie erstaunlich lange durch, bis sie schließlich im Februar 1942 von einem Arzt denunziert und von der Gestapo verhaftet wurde. Im Oktober 1942 hat man sie wegen »Vorbereitung zum Hochverrat« im Wiener Landesgericht hingerichtet.

Die Nachwelt hat ihren Mut nicht vergessen. Das Hartmannspital hat ihr eine Dauerausstellung gewidmet, Nikolsdorfer Gasse 38–40. Im Stephansdom, in der Barbara-Kapelle, erinnert eine Skulptur von der Hand Alfred Hrdlickas an Schwester

*Stephansdom. Alfred Hrdlicka –
Gedenkskulptur für Sr. Maria Restituta*

Maria Restituta, das letzte Werk des Künstlers. Der Gemeindebau in der Margaretenstraße 105 trägt ihren Namen. 1998 wurde die mutige Nonne von Papst Johannes Paul II. seliggesprochen.

Im 5. Bezirk gibt es ein zweites Nonnenkloster, die Klarissen. Im März 1212 ist Chiara von Favarone dem Vorbild des Ordensgründers Franziskus gefolgt, hat eine Gemeinschaft begründet, die sich nach ihrem Tod 1253 den Namen *Klarissen* gab. Die Saat der Klara aus Assisi ist aufgegangen, heute bestehen in allen Teilen der Welt ihre Klöster, es sind fast eintausend. Die Klarissen von Margareten kamen 1898 aus Lemberg, der Hauptstadt von Galizien, nach Wien. Ihr Kloster von der Ewigen Anbetung steht seit 1911 in der Gartengasse.

Bevor es profan weitergeht, ist noch ein geistliches Zentrum in Margareten zu erwähnen: Die evangelische Kirche A. B. hat ihre Superintendentur in der Hamburgerstraße 3.

Und nun wollen wir uns noch einmal in die Hartmanngasse begeben. Das Haus Nr. 1 ist ein Werk des Architekten, Malers und Bühnenbildners Oskar Laske, den wir schon auf der Wieden getroffen haben. Wir werden im 8. Bezirk mehr von ihm erzählen.

Oskar Laske, Szenenbildentwurf für Der Diener zweier Herren *von Carlo Goldoni, Theater in der Josefstadt*

Diese Gassen haben auch mit einem anderen bedeutenden Theatermann zu tun – mit Gotthold Ephraim Lessing. Das mag sogar den Wien-Kenner verwundern, denn abgesehen von einem Denkmal am Judenplatz wird man nicht so schnell auf Spuren der Person Lessings in Wien kommen – wo seine Theaterstücke immer sehr geschätzt wurden.

Der Dichter und Bibliothekar kam 1775 aus dem relativ hohen Norden, aus Wolfenbüttel bei Braunschweig, nach Wien, weil er seiner Braut nachreiste.

70 Jahre nach ihm reiste ein anderer Großer der Literatur von Westen nach Wien, aus dem gleichen Grund – Honoré de Balzac. Er wohnte seiner künftigen Frau zuliebe einige Wochen an der Landstraßer Hauptstraße, sie war in der nahen heutigen Salmgasse zu Gast.

Lessing war in seinen Hamburger Jahren mit einer Familie König befreundet. Der Hausherr Engelbert war ein erfolgreicher Kaufmann, er handelte mit wertvollen Stoffen und Tuchen. Sein beruflicher Erfolg führte ihn weit über die Stadtgrenze hinaus – in Wien gründete er 1768 eine Stoff-Fabrik, 1769 eine »englische Papier-Tapetenfabrik«. Im Dezember dieses Jahres kam er nach Venedig zum Materialeinkauf, in Lessings Begleitung. König wurde krank, nahm dem Freund das Versprechen ab, sich um seine Familie zu kümmern, starb. Seine Witwe Eva stand mit 34 Jahren vor kaum lösbaren Problemen – vier Kinder und die nunmehr geerbten Betriebe.

Der Dichter hält der Familie die Freundschaft, aus der Liebe wird. Lessing steht mit gutem Rat zur Seite, in finanziellen Fragen ist er freilich kein erfahrener Ratgeber. So reist Eva König nach Wien und kümmert sich um beide Fabriken – in der Wiedner Hauptstraße, im heutigen Margaretner Teil. Ihr erster Aufenthalt begann am 28. September 1770 und dauerte fünf Monate. Sie trauert um ihren Ehemann, schreibt oft an Lessing – »Alles erinnert mich an meine vergangene Glückseligkeit ...« Die »Seidenzeugfabrik König« lag »Auf der Wieden 54 im Tempel«. Es war ein weitläufiges Gebäude, beherbergte auch einen Tanzsaal und war von Gärten umgeben, ungefähr im Gebiet Hartmanngasse–Ziegelofengasse. Zwar ist Frau König sehr beschäftigt, doch sie findet die Zeit für Komödienbesuche oder für ein Weinlesefest am 13. Oktober. Sie macht Bekanntschaft mit dem berühmten und einflussreichen Joseph von Sonnenfels, verkehrt in der guten Gesellschaft. Sie hatte einen Mitarbeiter, den ihr Mann von Hamburg nach Wien geholt hatte – Christian Gottlieb Hornbostel. Der ausgezeichnete Fachmann hat später die Seidenfabrik übernommen und weiter Karriere gemacht, wir wollen ihn im 6. Bezirk wieder treffen.

Die Liebe auf Distanz wird zur Geduldsprobe, von der Verlobung 1771 bis zur Hochzeit vergehen fünf Jahre. Den Großteil dieser Zeit verbrachte Eva König in Wien, einige Zeit wohnte sie im Regensburger Hof am Lugeck.

Lessing besuchte sie 1775 und hatte einen zweiten Grund für eine Wien-Reise – man spielte seine Stücke *Emilia Galotti* und *Minna von Barnhelm*. Joseph II. empfängt ihn gleich nach der Ankunft, macht ihm Hoffnung auf eine langfristige Anstellung. Doch daraus wird nichts, Lessing reist heim nach Wolfenbüttel und bleibt dort bis zu seinem Tod.

Nahe der Wiedner Hauptstraße stand bis 1908 ein Theatergebäude mit ungewöhnlicher Geschichte. Josef Dietrich Freiherr von Dietrichsberg hat es errichtet. Er hatte als Bierführer begonnen, erwarb ein Zeugl und wurde Fiaker mit Standplatz am Graben, stieg auf zum Fuhrunternehmer und übernahm den Nachschub für die österreichischen Armeen in den Jahren der Franzosenkriege.

Er besaß vier schöne Häuser in der Matzleinsdorferstraße, heute die Nummern 123, 123a und 125 der Wiedner Hauptstraße, und vor lauter Stolz auf seinen Aufstieg schmückte er Räume und Fassaden mit Hufeisen. Stolz war Dietrich auch auf seine schöne Tochter, die ihm freilich einigen Kummer bereitete. Sie wollte zum Theater, undenkbar für eine Baronesse. Aber Anna gab nicht nach, und weil der Vater sich nicht anders zu helfen wusste, baute er ihr ein Theater.

Eines der vier palaisartigen Häuser erhielt einen Saal, eine Bühne, ein Foyer – und eine schöne junge Baronesse wurde Hauptdarstellerin und Direktorin, Eröffnung feierte man am Weihnachtstag 1837.

Anna heiratete 1845 den Ulanenoffizier Fürst Ludwig Sulkowski und war nun Fürstin und Herzogin von Bielitz. Der verliebte Ehemann hatte nichts gegen die Passion seiner Frau,

Das Sulkowskitheater,
historisches Foto

deren Kunsttempel sonnte sich im neuen Glanz seines Namens – Sulkowskitheater.

Das nützte allerdings wenig, als die Revolution von 1848 die Kroaten nach Wien brachte. Unter diesen Soldaten von der Südgrenze Österreichs gab es nicht viele Kunstfreunde, jedenfalls keine Theaterkenner. Dass die Frauenfigur an der Fassade nicht eine revoltierende Freiheitsgöttin darstellte, sondern Thalia, die

Muse der Komödie, erfuhren sie erst, als die Tragödie vorbei war. Das Theater war zerstört. Doch der Fürst und sein Schwiegervater richteten es wieder her, und weiter ging der fröhliche Betrieb, bis Sulkowski 1861 bankrott war.

Baron Dietrichsberg aber erfreute die Matzleinsdorfer nicht nur mit der von ihm gegründeten Bühne, er baute auch eine Wasserleitung vom Wienerberg bis zu einem Becken neben der Rauchfangkehrerkirche. Sein Steckenpferd ritt der Baron auch in anderen Stadtteilen. Einmal sprang er mit Geld im Leopoldstädter Theater ein, ein anderes Mal half er dem Josefstadtdirektor Franz Pokorny, für den er auch das Theater an der Wien kaufte und renovierte. 1855 ist der großzügige Sponsor gestorben.

Der Komparseriechef des Burgtheaters, Valentin Niklas, nahm dem Fürsten das Theater ab, machte es zu einem Sprungbrett für junge Talente – die keine Gage erhielten und unter Umständen sogar bezahlten, um auftreten zu dürfen. Josef Kainz hatte hier seinen ersten Auftritt, bevor seine kometenhafte Karriere begann.

Andere wagemutige Theaternarren riskierten ihr Geld, allerdings mit spärlichem Erfolg; 1895 wurde das Theater geschlossen, 1908 demoliert.

Theater gespielt wird in Margareten auch heute. Ganz in der Nähe des heimgegangenen Sulkowskitheaters bringt die *Scala* in einem ehemaligen Kino, Wiedner Hauptstraße 108, ihre Produktionen. Das *Spektakel* in der Hamburgerstraße 14 hat sich mit Kabarettprogrammen sein Publikum geschaffen.

Ganz nahe stehen zwei Gebäude von Bedeutung in Österreichs Geschichte. Das Haus Rechte Wienzeile 93–95 ist die erste Adresse einer Bühnen- und Filmlegende. Hier hat Hans Moser seine Kindheit verbracht. Dass er der Inbegriff des österreichischen Grantlers mit goldenem Herzen werden würde, war ihm nicht an der Wiege prophezeit worden. Sein Vater war ein Ungar aus französischer Familie – Franz Julier. Mutter Julier

Hans Moser als Fortunatus Wurzel – Der Bauer als Millionär – *nunmehr als der Aschenmann*

allerdings übte eine urwienerische Tätigkeit aus, sie hatte ein Milchgeschäft am nahen Naschmarkt. Er selbst hatte wohl weniger mit Milch im Sinn, eher mit Wein, den er in vielen Liedern besungen hat; legendär ist die *Reblaus*.

À propos Wein – in Margareten ist Adam Schreck geboren worden, am 17. Dezember 1796. Er war der Sohn eines Sackträgers, ein gänzlich aus unserem Leben verschwundener Beruf. Der Begriff kommt in der Fauna vor, als Schmetterling, aber nicht mehr in der Welt der Arbeit. Jedenfalls hatte der Vater den Ehrgeiz, den Sohn etwas Besseres werden zu lassen, und schickte ihn aufs Akademische Gymnasium. Dort muss der musikbegabte Schreck einige Zeit ein Mitschüler des kleinen Schubert, Franz Peter, Jahrgang 1797, gewesen sein. Er machte Matura, studierte, wurde Augustiner-Chorherr in Klosterneuburg, machte dort Karriere und wurde 1853 zum Propst gewählt. Schreck brachte die zerrütteten Finanzen des Stifts ebenso in Ordnung wie die alten Bauteile, und – jetzt kommt's! – er gründete 1860 eine Obst- und Weinbauschule, die sich zum international geschätzten Fachinstitut entwickelte. Als 1867 die Reblaus nach Frankreich auch in Österreich-Ungarn ihr unseliges Werk, und zwar in Klosterneuburg auf den Weinbaugründen der Fachschule, begann, nahm ihr Direktor, Freiherr von Babo, den Kampf auf und siegte. Also ließ sich die Reblaus nun auch besingen, und damit sind wir wieder bei Hans Moser. In diesem Liedtext kommt sogar Biografisches vor, der Sohn der Milchfrau singt: »... Ich hab mir schon als Kind gedacht, was kann denn das nur sein, wenn die Mutter mir a Milch geb'n hat, da wollt' ich schon an Wein ...«

Hans Mosers Geburtshaus steht nicht mehr, weil ... 1907 wurde in Österreich das allgemeine Wahlrecht für Männer ab dem 24. Lebensjahr eingeführt. Damit sahen die Sozialdemokraten eine prosperierende Zukunft vor sich, diese Wahl machte sie denn auch tatsächlich zur zweitstärksten Fraktion im Reichsrat.

Somit entschlossen sich Victor Adler und der Parteivorstand zum Bau eines eigenen Hauses für die Redaktion und die Druckerei der Parteizeitschrift, der *Arbeiter-Zeitung*, herausgegeben vom Parteiverlag Vorwärts, nunmehr Rechte Wienzeile 97. Die Architekten waren zwei Otto-Wagner-Schüler, Franz und Hubert Gessner. Am 20. Juli 1910 konnte man das Gebäude beziehen, dem man das Nebenhaus Nr. 93 geopfert hatte – Hans Mosers Geburtshaus. Aber wer hätte 1907 ahnen sollen, wer Johann Julier ab den 1920er-Jahren sein würde! Ebenso wenig konnte Victor Adler in den beiden Russen, die ihn einmal besuchten, zwei zukünftige Gestalter des 20. Jahrhunderts erkennen – Leo Trotzki und Wladimir Iljitsch Uljanow, Lenin.

Von der Linken Wienzeile aus macht das Vorwärts-Haus von Weitem auf sich aufmerksam – durch die große Uhr und die beiden Steinfiguren von Anton Hanak, »Arbeiter« und »Arbeiterin«. Als Zeitung und Verlag 1988 große finanzielle Sorgen machten, trennte sich die SPÖ von diesem Symbol ihres Aufstiegs. Dennoch lebt an der Adresse die Tradition. Im Vorwärts-Haus hat der Verein für Geschichte der Arbeiterbewegung seinen Sitz. Zu seinen vielfältigen Aufgaben gehört die Gestaltung von Ausstellungen, die Veranstaltung von Symposien. Der Verein betreut das Archiv der Sozialdemokratischen Partei, er besitzt den Nachlass von Victor Adler und Adolf Schärf, an drei Tagen der Woche ist sein Museum geöffnet.

À propos SPÖ – in der Schönbrunner Straße 122 kam am 22. Jänner 1911 der langjährige Parteichef und Bundeskanzler Bruno Kreisky zur Welt.

Nicht weit vom Vorwärts-Verlag lebte Ernst Arnold, Interpret und Komponist von Wienerliedern – *Da draußen in der Wachau, Wenn der Herrgott net will …* –, in der Hamburgerstraße 20. Das Gebäude, mit zweiter Adresse Rechte Wienzeile 67, ist nach der Gasse gegenüber benannt, die Gasse aber trägt den Namen eines Wiener Helden: Ernst Rüdiger Starhemberg, Rüdigergasse, Rüdigerhof.

1902 wurde dieses Secessionsjuwel nach Plänen von Oskar Marmorek erbaut. Er stammte aus Galizien, kam mit seinen Eltern nach Wien und studierte. Er war erst 24 Jahre alt, als er einen Wettbewerb zum Bau eines Hauses im Cottage gewann. Nun ging es flott weiter – Mitwirkung an der großen Ausstellung Alt-Wien 1894, im Jahr darauf die weiträumige Planung für Venedig in Wien, 1898 der Nestroyhof an der Praterstraße, 1902 der Rüdigerhof.

Marmorek hat sich schon früh den Zionisten angeschlossen, war mit Theodor Herzl eng befreundet. Mit ihm und Max Nordau organisierte er den Ersten Zionistenkongress in Basel, im August 1897.

Ein anderer Architekt von Bedeutung und in Wien ein geradezu exotischer Gast war der gebürtige Hamburger Peter Behrens. Er war in ganz Europa tätig, in Wien übernahm er 1922 von Otto Wagner die Meisterschule für Architektur an der Akademie der bildenden Künste. In seinem privaten Architekturbüro beschäftigte er mehrmals hochbegabte Mitarbeiter, die bald internationale Karrieren machten: Walter Gropius, Le Corbusier, Mies van der Rohe und andere.

Behrens hat den Franz-Domes-Hof am Margaretengürtel entworfen, eine städtische Wohnhausanlage aus den Jahren 1928–1930. Dass dieser Bau unter Denkmalschutz steht, ist insofern interessant, als der gesamte Bezirk Margareten von solch qualitätvollen Gemeindebauten geprägt ist.

Der erste anerkannte Gemeindebau ist der Metzleinstaler Hof, 1920 fertig gebaut, vom ersten sozialdemokratischen Bürgermeister Jakob Reumann eröffnet. Der Name stammt vom einstigen Flurnamen, Metzleinstal, woraus sich Matzleinsdorf entwickelt hat. In dem Avantgardebau gab es einen Kindergarten, eine Bibliothek, eine Waschanstalt, eine Lehrlingswerkstatt. Diesem Vorbild folgten sehr bald weitere Gemeindebauten. Die Qualität dieser Bauten wird aus dem Umstand klar, dass viele

Rüdigerhof

Russenkirche

unter Denkmalschutz stehen, wie der Domes-Hof und der Metzleinstaler Hof.

Der Heine-Hof, benannt nach dem Dichter, wurde 1925/26 errichtet. Sein Architekt ist Otto Prutscher, ein Schüler von Josef Hoffmann. Neben diesem Margaretner Gemeindebau in der Stöbergasse 4–20 schuf er weitere Wohnhausanlagen in anderen Bezirken – und eine große Zahl hervorragender privater Wohnhäuser, in Baden bei Wien, Mariazell, im schlesischen Jägerndorf. Zu seinen auffälligsten Bauten neben dem Heine-Hof zählt die Russenkirche im 22. Bezirk, in der Wagramer Straße.

Wer früher in Wien von einem Hochhaus sprach, meinte ein Gebäude im 1. Bezirk in der Herrengasse. Nach dem Zweiten Weltkrieg bedeutete »Hochhaus« ausschließlich den Wohnturm im Zentrum des Theodor-Körner-Hofs in Matzleinsdorf. In diesen 20 Stockwerken, erbaut 1954–1957, gab es 108 Wohnungen, mit Zentralheizung! Im obersten Stockwerk lockte ein Restaurant mit Aussichtsterrasse – und es lockte mit Erfolg. Es galt als schick, hier zu wohnen. Gleich mehrere prominente Bühnendamen waren im Hochhaus daheim – Elisabeth Orth, Gretl Schörg und Gretl Elb, aber auch der Dirigent Franz Bauer-Theussl und der spätere Unterrichtsminister und Wiener Bürgermeister Helmut Zilk.

Restaurant und Bar im Hochhaus Matzleinsdorf

Das Areal des Körner-Hofs hat eine bunte Geschichte. Noch während der Ersten Republik war es unverbaut, diente seit 1864 als Viehmarkt und somit auch als Marktplatz für Heu und Stroh. 1923 wurde in der Reinprechtsdorfer Straße 1 das Margaretner Orpheum eröffnet, sein Name knüpfte aber nur scheinbar an die Altwiener Vergnügungsindustrie an. Der einfache Bau, gedeckt von einem abgeflachten Tonnengewölbe, hatte allerdings ein anspruchsvolles Programm. Das »einzige Groß-Varieté von Wien« kündigte »artistische Höchstleistungen mit besonderer Betonung des wienerischen Elements« an, nannte sich das »große Volks-Varieté« – und verwandelte sich 1929 in das Neue Wiener Operettentheater. Wenige Wochen später, nach Jahren der Nutzung als Radiostudio, erfolgte die Wiedereröffnung des Varietés Ronacher in der Innenstadt, mit spektakulärem Programm, Girltruppe, Orchester und täglich bis zu drei Vorstellungen. Dem war das Orpheum trotz aller »artistischen Höchstleistungen« nicht gewachsen.

Am 12. Februar 1932 kam im einstigen Orpheum eine neue Operette von Edmund Eysler zur Uraufführung, *Durchlaucht Mizzi*. Theater und Komponist konnten damit freilich nicht an die früheren großen Erfolge anschließen, an *Bruder Straubinger* und *Die gold'ne Meisterin*. Zwischen der Machtergreifung der Nationalsozialisten 1933 und dem Anschluss 1938 war das Operettentheater für manchen jüdischen Bühnenkünstler vorläufige Rettung, wie für den heute noch beliebten Fritz Heller, der nach dem Weltkrieg im Ensemble des Simpl war.

Ab 1938 nannte sich das Unternehmen Wiener Volksbühne. Das Haus wurde im Krieg schwer beschädigt, den Kriegsschäden folgte der Abbruch. Stattdessen wuchs ab 1951 der Theodor-Körner-Hof in die Höhe.

Aber noch eine Reihe anderer Gemeindebauten verdient besondere Erwähnung – der von Josef Hofmann in der Blechturmgasse, 1950/51, andere der jüngeren Vergangenheit wie

Das Simpl – Fritz Muliar, Heinz Conrads, Karl Farkas, Fritz Heller

jener von Heinz Tesar 1981–1983 in der Einsiedlergasse 13, von Christof Riccabona 1985/86 in der Margaretenstraße 140, von Hugo Potyka 1994–1996 in der Schönbrunner Straße 34, das kleine Margareten als großes Architekturlaboratorium des 20. Jahrhunderts. Auch viele aerarische Bauten haben Margareten – nach der Epoche der Palais – geprägt, so etwa das einstige Landwehr-Ausrüstungshauptdepot. Die k. k. Landwehr war ab 1869, nach dem Ausgleich mit Ungarn 1867, die cisleithanische Armee, entsprechend der transleithanischen, der ungarischen Honvéd. Das Landwehrdepot in der Spengergasse 20 bestand aus Magazinen und Kanzleigebäuden auf sechs Stockwerken. Ein Vorläufer war die Manufakturzeichenschule, eingerichtet unter Maria Theresia. Sie war keine Kunstakademie, sie diente in diesen Jahren des österreichischen Merkantilismus der jungen Industrie. Die Schüler lernten derart zu zeichnen und zu malen, dass sich ihre Werke auf Webstühle, Druckwalzen und

Druckerformen übertragen ließen. Ihr Motto war, kurz gesagt: »Je größer der Künstler, desto weniger taugt er zum Manufakturisten.«

Die Höhere Bundeslehr- und Versuchsanstalt für Textilindustrie hat den textilen Anteil nach 1918 übernommen, das Monturdepot. Man kann sich kaum vorstellen, welch großen Aufwand die verschiedenen Heeresteile verursacht haben. Denn es gab ja nicht nur Honvéd und Landwehr – es gab vor allem die gemeinsame k. u. k. Armee. Etliche dieser einstigen aerarischen Gebäude haben in der Republik eine adäquate Verwendung gefunden, wie eben das Depot in der Spengergasse oder die Kaserne in der Siebenbrunnengasse, die zu Wohnhäusern umgebaut wurde. Doch das Gros betrifft andere Bezirke, also mehr davon, wenn wir dort flanieren.

Zuvor soll noch ein ganz besonderer Margaretner Erwähnung und Würdigung finden. Im September 1797 kam er hier zur Welt, als Sohn eines Gastwirts. Er war schon als Kind lesehungrig, lernbegierig – und musste die Schule mit zwölf Jahren verlassen. Der Vater brauchte ihn in der Gastwirtschaft. Zehn Jahre später übernahm Franz Haydinger den Betrieb, und er muss ihn ausgezeichnet geführt haben, obwohl seine kostspielige Leidenschaft nicht dem Schankgewerbe galt. Er war ein Bücherfreund, aber nicht einfach bibliophil, er war biblioman.

Zuerst sammelte Haydinger alles zum Thema Wien, ging über zu historischen Themen aller Art, über Reformation und Gegenreformation, zu Kostümkunde und Theatergeschichte; vor allem Erstausgaben hatten es ihm angetan. Seinem Steckenpferd zuliebe besuchte er Auktionen in ganz Europa. Schließlich war er ein berühmter Fachmann, der immer wieder in heiklen Fragen konsultiert wurde. Das durften durchaus auch tatsächlich sehr heikle Fragen sein – bis zur Pornografie, mehr erfährt der Leserkreis darüber am Spittelberg.

Den Viennensiateil der bedeutenden Sammlung erwarb nach seinem Tod die Wiener Stadtbibliothek. Die anderen Bücher

Gedenktafel für Franz Haydinger, Gartengasse

fanden in einer aufsehenerregenden Versteigerung neue Besitzer in vielen Ländern.

Die Gedenktafel am Haus Gartengasse 18 erinnert an diesen wunderlichen, wunderbaren Mann. Am 15. Jänner 1876 ist Franz Haydinger gestorben. Am 18. Jänner meldet die *Wiener Zeitung*, dass das Leichenbegängnis des Gastwirts und Bürgers Franz Haydinger »unter großer Theilnahme stattfand. Mitglieder aller Bezirksvertretungen Wiens, viele Gemeinderäte sowie Vertreter von gelehrten, wohltätigen und geselligen Vereinen gaben dem Verblichenen das letzte Geleite.«

Wien VI

Mariahilf

Gegründet: 1861/62
Fläche: 1,48 km²
Bezirksmuseum: Mollardgasse 8
Im selben Haus das Glasmuseum
und das Phonomuseum. Expositur:
Naschmarktmuseum, Rechte Wienzeile

Das Haus des Bezirksmuseums gehört zu den besten Beispielen für das durchaus lebendige Wirken der Wiener Werkstätte. Hier war der Sitz der Arbeiterkrankenkasse, 1913/14 erbaut. Das Innere ist eine reine Freude für den Kenner – Türen, Gitter, Geländer, Handlauf und weitere Details, alles ist erhalten. Hier sitzt das sehr informative Bezirksmuseum, an passendstem Ort.

Verschwundenes malerisches Wien – auf 9 m² erlebt man im Bezirksmuseum den Magdalenengrund. Das Modell ist alt, es wurde noch vor der Wienflussregulierung geschaffen. Der Wiener Maler Anton Bienert, geboren 1870, ist sein Schöpfer, *Ratzenstadl um 1820* hat er dieses Werk genannt. Der wenig liebevolle Spitzname hat schließlich zum Abriss der gesamten Häusergruppe geführt, die freilich früher noch einen zweiten Namen führte, der auch nicht von Tourismuswerbern erdacht gewesen sein kann – *Saugraben an der Wien auf der Gstätten*. Vielleicht hat aber dieser Ratzenstadl nicht tatsächlich mit Ratten zu tun – die Lokalhistoriker deuten das »Ratzen« auch als »Raizen« – und das war ein anderer Name für Serben. Familien aus Serbien sollen im 18. Jahrhundert hierhergezogen sein. Die alte Kaunitzgasse steigt und stieg in Richtung Palais Kaunitz hügelwärts an zum Kaunitzbergl. So mancher Ratzenstadler wird auf die Frage nach seiner Adresse gesagt haben: »Am Kaunitzbergl.«

Sukzessive sind alle diese Häuser abgerissen worden. Das ist nicht bei allen zu begreifen, denn nicht überall haben die Ratten gewohnt. Ein einziges Haus hat den Kahlschlag überlebt, Kaunitzgasse 7a. Auf Nr. 35 in dieser Gasse ist Ferdinand Kürnber-

Der Ratzenstadl

ger geboren worden, dessen aufregendes Leben alleine ein ganzes Kapitel wert wäre – als Revolutionär aus Wien geflohen, als international anerkannter Schriftsteller hochgeehrt hier gestorben.

Das Modell des Malers Bienert zeigt auch ein Haus, das heute die Adresse Dürergasse 10 hätte. Es steht noch frei da, hat kein Gegenüber, eine Kutsche hält davor. Hier hat der Schuster Wessely gewohnt und gearbeitet. Von seinen Kindern haben zwei Theatergeschichte geschrieben. Josefine, geboren 1860 in diesem Haus, wurde Schauspielerin, ab 1879 am Burgtheater, ab 1884 Hofschauspielerin, jung gestorben, mit 27 Jahren. Johannes Brahms war durch ihr Spiel zu Tränen gerührt, erzählten seine Freunde. Das Burgtheater erinnert an sie in seinen Fresken, da sieht man Josefine Wessely als Julia mit dem Romeo Josef Kainz.

Ihr jüngerer Bruder Carl war der Vater der Paula Wessely. Der Schuhmacher Wessely war ein heller Kopf – einer der Mitbe-

Bezirksmuseum Wien VI.: der Ratzenstadl im Modell, rechts das Haus des Großvaters der Paula Wessely

gründer der Wiener altkatholischen Kirche. Noch die Enkelin Paula war altkatholisch.

1850 wurden fünf Vorstädte in den 5. Bezirk eingemeindet, 1861 diesem ausgegliedert und zum selbstständigen 6. Bezirk erklärt, der wurde 1862 verkleinert – daraus entstand der 7. Bezirk, Neubau. Den Beginn gemacht haben die fünf Vorstädte – Gumpendorf, Laimgrube, Magdalenengrund, Mariahilf und Windmühle.

Im Bezirkswappen trifft man auf diese fünf Urstadtteile, und weil manches dieser Symbole sehr ungewöhnlich ist, verdient das Wappen nähere Beschäftigung. Zuerst Mariahilf, das dem Bezirks seinen Namen gibt: Sein Wappen führt uns in Gedanken nach Regensburg, nach Madrid, an die Meeresenge von Patras. Denn der goldfarbene Jüngling auf dem Schiff ist nicht irgendwer. Er ist das uneheliche Kind einer Regensburger Handwerkerstochter. Das aber brächte ihn weder auf das Schiff noch in den 6. Bezirk. Nun war er aber auch der Sohn von Kaiser Karl V., ein sehr gut aussehender, begabter junger Mann. Als Generalkapitän der Meere hatte Don Juan de Austria am 20. Mai 1571 das Kommando über die Allianz gegen die Osmanen in der Seeschlacht von Lepanto, im Golf von Patras, Griechenland, inne. Und er führte die Heilige Liga von Papst, Venedig, Genua und Spanien zum Sieg. Aber was macht er in Mariahilf? Eigentlich nichts, denn die Deutung dieses goldenen Ritters mit dem Doppeladler stammt vom Star der Gebrauchsgrafik Österreichs im 19. Jahrhundert, Hugo Gerard Ströhl. Der Jungfrau Maria war Don Juan dankbar für seinen Sieg, Maria hat geholfen, die Indizienkette ist geschlossen.

Allerdings ist das Thema Schiff in diesem Bezirk nicht ungewöhnlich. Bis ins 18. Jahrhundert hieß der Vorort noch »In der Schöffstraß«, nach einem Wirtshaus, das in seinem Schild ein Schiff trug. Hier kehrten die Donauschiffer gern ein, blieben auch über Nacht vor der beschwerlichen Rückreise donauaufwärts. Viele kamen aus Regensburg, Passau oder Linz. St. Theobald tritt im Bezirkswappen gleich zweimal auf – oben links für Laimgrube, eingedenk der dortigen Theobald-Kapelle, und oben rechts für den Ortsteil Windmühle, da stand das Theobald-Kloster. Links unten kniet Maria Magdalena unter dem Kreuz – für den Magdalenengrund. Und rechts ist das Familienwappen der Muschinger dargestellt, im 16. Jahrhundert Grundherren in Gumpendorf.

Und woher kommt der spätere Name der Vorstadt Mariahilf? Die Antwort führt zunächst in die Wiener Altstadt. Der Friedhof der Hofkirche St. Michael war um 1510 aufgelassen worden. Erst 1656 wurde er von den Barnabiten, die mittlerweile St. Michael übernommen hatten, in ein Gebiet weit außerhalb der Stadtmauer verlegt, auf einen neu erworbenen Weingartengrund mit Flurnamen »Im Schöff«.

Das Werdertor
im Abbruch, 1860

Dem Weinbau diente die weite Fläche vom Widmertor, dem heutigen Burgtor, den Wienfluss entlang bis Penzing. Hier wurde der sehr beliebte Gumpendorfer angebaut.

Die Barnabiten errichteten eine einfache Holzkapelle, der 1660 ein Gnadenbild anvertraut wurde, *Maria mit dem Kind*, das zur Anbetung der Mutter Gottes anregte. Es war die Kopie eines Originals im Dom von Innsbruck, eines Werks von Lucas Cranach dem Älteren. Dessen Kopien gibt es in großer Zahl, weil es vielen Menschen Hoffnung gab und wohl auch heute gibt, in Tirol, Niederösterreich, in Bayern, ja selbst in England, in Chester.

Aus der hölzernen Kapelle wurde bald eine gemauerte, dem wachsenden Zustrom der Gläubigen Rechnung tragend. Die fiel 1683 den Osmanen zum Opfer. Der Mesner Eduard Lampel konnte das Gnadenbild gerade noch in die Stadt retten.

Das Gnadenbild
der Mariahilfer Kirche

Danach aber wurde eine richtige Kirche gebaut, von italienischen Handwerkern mit einem Italiener als Baumeister, Sebastian Carlone. 1689 wurde das Gnadenbild wieder aus der Stadt zurückgebracht, abermals geweiht übernahm es die alte Funktion. Der nun einsetzende Wallfahrerstrom übertraf jede Erwartung, schon 1711 wurde die Kirche erweitert und umgebaut. Nun waren nicht mehr Italiener am Werk, sondern Wiener und Salzburger, dennoch hat sich der Charakter der Schöpfung Carlones erhalten, bis heute durch alle Jahrhunderte und städtebaulichen Veränderungen. Wie diese Kirche zwar mitten im städtischen Verkehr, aber doch in souveräner Vornehmheit dasteht, erinnert sie an andere so typisch italienische Gotteshäuser Wiens, wie die Servitenkirche im 9., die Rochuskirche im 3. Bezirk.

Eine kurze Randbemerkung, die uns ausnahmsweise in das ansonsten gemiedene Revier der Reiseführer bringt: Die in etlichen Publikationen angekündigten Fresken von Paul Troger gibt es in dieser Kirche nicht. Der große Südtiroler ist in Wien mit nur einem Deckenfresko vertreten, dem kleinen in der Kapelle des Heiligenkreuzerhofs. Er dürfte zwar den Auftrag bekommen, ihn aber nicht ausgeführt haben. Zwar bilden andere seiner Werke den Ideenfundus für Mariahilf, zeigen aber nicht seine Künstlerhand. Er dürfte in seinen letzten Jahren den physischen Anstrengungen der Freskomalerei nicht mehr gewachsen gewesen sein. Paul Troger wird hier auch als Maler eines heiligen Joseph genannt, der aber wohl ebenso nicht von ihm stammt. Der Kunsthistoriker Andreas Gamerith schreibt dazu: »Ähnlich fragwürdig bleibt die tradierte Zuschreibung des ›Alexander Sauli‹-Bildes mit seinem Oberbild des hl. Joseph.« (Diplomarbeit »Paul Troger und Wien«) Er nimmt an, Paul Troger habe den Auftrag an den aus Mähren stammenden Maulbertsch-Schüler Felix Ivo Leicher weitergegeben.

Und jetzt flugs retour aus der Kunstgeschichte in die Erzählung: Zwischen 1890 und 1893 wurde die Mariahilfer Kirche

Johann Ziegler.
Kirche und Kloster zu Maria Hilf

restauriert und dabei mit einigen neuen Kunstwerken im Langhaus, in den Seitenschiffen, im Chor und auf der Empore ausgestattet. Die außerordentlich renommierte Glasmalereifirma Carl Geylings Erben hat diese elf großen Fenster geschaffen, unter Leitung von Rudolf Geyling. Damit stehen wir an der Schwelle eines umfangreichen Themas, davon soll später mehr erzählt werden.

Der Barnabitenmönch Don Coelestin Joanelli wird gestaunt haben, als er die vielen Wallfahrer in seine Kirche strömen sah. Diese erste Station am Wallfahrtsweg nach Mariazell war ständig überlaufen, davon erzählen auch die sogenannten Mirakelbücher. Da finden sich unzählige Namen und Schicksale von

Menschen in Bedrängnis, Danksagungen für erhörte Gebete und besiegte Kinderkrankheiten, Ängste von einfachen Soldaten und Familien in den Türkenkriegen, nach Unfällen mit Pferd und Wagen. Die Pfarrchronik von 1733 berichtet, dass in diesem Jahr 97 692 Personen die heilige Kommunion empfingen und 20 000 Messen gelesen wurden.

Der Hochadel machte regelmäßig Station in der Wallfahrtskirche, Maria Theresias Besuche sind mehrfach belegt. Bis 1923 waren die Barnabiten die Hausherren, dann hat der Nachwuchsmangel zur Übergabe an die Salvatorianer geführt. Dank einem Wienerlied von Hermann Leopoldi bleibt der Ordensname in wacher Erinnerung: »In der Barnabitengassen hat sie sich noch bitten lassen …« Die Salvatorianer betreuten Pfarre und Wallfahrtskirche bis 1997, dann ereilte auch sie das Personalproblem, nun ist der polnische Orden der Michaeliten in Mariahilf am Werk.

Den Weg aus der nahen Hofburg westwärts haben aber auch schon Maria Theresias Vorfahren ohne jegliche Wallfahrtsabsicht gern genommen. In der Hofchronik von 1697 findet sich folgender Bericht: »Den 15. Jänner haben sich Ihre Majestäten wieder mit einer Schlittenfahrt erlustigen und frische Luft schöpfen wollen. Die Fahrt war gegen Hitzung gerichtet und man ist die Laimgrube hinauf, zum Neubau hinaus gefahren. Hat nachmals nächst Penzing thalab gegen Schönbrunn den Weg genommen und ist durch den Thiergarten nach 12 Uhr in Hitzung glücklich angekommen.«

Mit dieser imperialen Schlittenfahrt wären wir also endgültig auf einer Wiener Hauptverkehrsstrecke, der Mariahilfer Straße. Sie hat schon vieles erlebt, zuletzt war sie ein von Partei- und Verkehrspolitik gebeuteltes Opfer. Das hat sie nicht verdient, hier wird sie also anders behandelt. Beginnen wir unten, bei Nr. 1.

Da sind wir schnell vorbei, dann kommt die schöne Rahlstiege, ihr werden weitere Stiegen folgen. Vom Ring weg steigt die Straße unentwegt an, bis zur Höhe der Mariahilfer Kirche. Die Rahlstiege ist ein repräsentativer Bau aus dem Jahr 1870, sie überwindet einen Höhenunterschied von 6,5 Metern und führt abwärts zur Rahlgasse. Diese hat ihren Namen von dem bedeutenden Historienmaler Carl Rahl (1812–1865), dessen Lebensreise ihn quer durch Europa, vor allem aber nach Athen geführt hat. Er hat dort ab 1839 gewirkt, auf Empfehlung des Architekten Theophil von Hansen. In Wien hat er nicht nur im Heeresgeschichtlichen Museum à la k. u. k. gemalt, sondern auch am Fleischmarkt in der griechisch-orientalischen Kirche, dort aber alla greca.

Seit 1910 war das Haus Rahlgasse 4 der Sitz des ersten Gymnasiums für Mädchen im deutschsprachigen Raum. Seine Gründerin war Marianne Hainisch, die den Bund österreichischer Frauenvereine führte, die Mutter des ersten Bundespräsidenten Michael Hainisch. Ihr zur Seite stand neben anderen Damen Editha Mautner Markhof, die im 3. Bezirk zu Hause war; dort war von ihr schon die Rede.

Die Casa piccola war einmal ein sehr beliebtes Kaffeehaus auf Nr. 1b, es wurde 1962 geschlossen. Es hat eine militärische Vergangenheit – 1809 hat der Stab der französischen Armee von hier aus die Beschießung der Stadt kommandiert. Am 9. Mai waren Napoleons Truppen in den Vorstädten Matzleinsdorf, Gumpendorf und Mariahilf einmarschiert, ohne Widerstand. Doch in der Stadt selbst wurde seit Tagen heftig gerüstet. Am 11. Mai um neun Uhr Abend beginnt die Artillerie mit ihren Haubitzen zu schießen. 1800 Granaten schlagen bis Mitternacht in Wien ein. Die Wiener sind begreiflicherweise in heller Aufregung. In Joseph Haydns Garten war schon Tage zuvor eine Kanonenkugel gelandet, ohne jedoch Schaden anzurichten. Doch die Granaten richten durchaus Schäden an – vor allem in den Dachböden der hohen Häuser, wo Dachstuhl, Möbellager und Heuvorrat dem Brand Nahrung geben. Bis zum Morgen dauert das Bombardement fort, fallen 12 000 Granaten über die

Stadt her, zerstören weite Teile des Grabens, rund um den Stephansdom brennen die Häuser. Napoleon selbst soll sich am Anblick der in Brand geschossenen Stadt nicht erfreut haben, er zieht sich nach Schönbrunn zurück.

Die französischen Offiziere in der Casa piccola registrieren verwundert, dass es offenbar zwei Arten von Wienern gibt – die hinter und die vor den Stadtmauern. Der kaiserliche Chefapotheker Charles Louis Cadet de Gassicourt berichtet: »Während des Bombardements tauchten nicht wenige Einwohner der Vororte neben unseren Stellungen auf, eher neugierig als ängstlich. Sie wollten sehen, was unsere Haubitzen anrichten – in diesem Volk scheint kein großer Patriotismus zu stecken! Hängt es damit zusammen, daß sich die Leute in den Vororten für Mitglieder einer anderen Schicht halten, einer anderen Spezies als die Einwohner der Innenstadt, die die Nutznießer aller Privilegien sind?«

1830 wird aus dem kleinen Haus ein Kaffeehaus – und sein Patron heißt tatsächlich Dominik Casapiccola, jedenfalls nennt er sich so. Viele Jahre später, ab 1896, heißt der Cafetier Karl Obertimpfler. Er hatte eine berühmte Tochter – kurz verheiratet mit dem Architekten Adolf Loos. Lina wurde Schauspielerin, mit dem Bühnennamen Lina Lossen, unter ihrem eigenen Namen hat sie geschrieben. Das Kommando im Kaffeehaus hatte die Mutter inne – in dem *Buch ohne Titel* lebt sie weiter. Tochter Lina schreibt über sie: »Mutter war eine begeisterte Kaffeesiederin; sie liebte ihren Beruf und war schwer von Wien fortzulocken. Aber einmal machte ich eine kleine Sommerreise mit ihr; wir kamen nachts in Salzburg an. Morgens um zehn Uhr weckte sie mich und sagte – Du liegst noch im Bett, und ich bin schon in vier Kaffeehäusern gewesen. Hier kann ich nichts lernen, fahren wir fort.« Die Damen waren dann noch in Karlsbad, aber als Lina bemerkte, dass ihre Mutter den Kellnern Ratschläge erteilte und Befehle gab, kehrten sie in die geliebte Casa piccola zurück.

Die sehr gewachsene
Casa piccola

Das Haus Mariahilfer Straße 1b hat aber noch mehr zu bieten: Über dem Café amtierten seit 1904 die Schwestern Flöge, Pauline, Helene und Emilie. Über der Fensterfront des Cafés prangte in großen Buchstaben der Firmenname – Schwestern Flöge. Ihr Haute-Couture-Salon, der Moderne verschrieben, machte sich innerhalb weniger Jahre einen allerersten Namen.

Die Einrichtung schuf Josef Hoffmann, sie entsprach in allen Details dem Formenkatalog der Wiener Werkstätte. Revolutionär waren die Mode-Entwürfe des Freundes von Emilie Flöge, Gustav Klimt. Diese »Reformkleider« waren Folge und Symbol der »Frauenbefreiung«, Kampfansage an Korsette, mit weiten

Emilie Flöge im Reformkleid

Ärmeln, locker herabhängend. Der Spott blieb nicht aus. In Berlin sang man auf den Straßen: »So ein Reformkleid is' nicht scheen, da kann man die Figur nicht sehen. So glatt herunter, welch ein Graus, nicht mal die Beene gucken raus!« Tatsächlich war dem Reformkleid kein einhelliger Erfolg beschieden, auch in Wien nicht. Die Schwestern Flöge schneiderten also auch auf andere Weise, und Emilie sorgte für den Anschluss an die moderne Mode, unter anderem mit ihren Reisen nach Paris, wo ihr Coco Chanel zum Vorbild wurde. Mit März 1938 verlor der Salon Flöge die wichtigsten Kundinnen, machte Schluss, Emmy arbeitete noch jahrelang in ihrer Wohnung im 3. Bezirk, Ungargasse 39, weiter. Sie starb 1952.

Wie elegant der Salon und seine Kreationen waren, davon zeugen die vielen Fotografien. Das Haus selbst war elegant! Hatte man, wie ich, in den späten 60er-Jahren in der Theateragentur Starka zu tun, so konnte man dort berühmte Schauspieler oder Sänger treffen, von Hans Moser bis Josef Meinrad, und sich anhand der Einrichtung ein Bild von der glänzenden Vergangenheit dieses Gebäudes machen.

Wer hier einst mit der Pferdetramway weiterkommen wollte, hatte eine besondere Gelegenheit. Denn bei der Rahlstiege wird es steil, und so wurde den beiden Rössern ein hilfreicher Kamerad mit einem Reiter beigegeben. Seit 1869 fuhr die Bahn auf Schienen bis Penzing. Aber wir setzen den Weg zu Fuß fort.

Bei Nr. 45 betritt man den Raimundhof, hier kann man wieder abwärts gehen in Richtung Gumpendorf bis zur Stiegengasse, durch fünf Häuser und vier Höfe. Kleine Bars, originelle

Zweispänniger Pferdetramwaywagen mit Vorspannreiter

Geschäfte säumen den Weg, der in Ferdinand Raimunds Geburtshaus beginnt, dem Haus »Zum Goldenen Hirschen«. Als Sohn eines Drechslers kam er als Ferdinand Raimann 1790 zur Welt. Zu Hause wird er die Arbeit mit dem Werkstoff Holz kennengelernt haben, an die er später gedacht haben mag, wenn der Valentin »seinen Hobel hinlegt«.

Zwischen den Hausnummern 55 und 57 steht die Kirche, die wir zu Kapitelbeginn besucht haben. Ihre Adresse ist allerdings die Barnabitengasse 14. Den Kirchenvorplatz dominiert Joseph Haydns Denkmal aus dem Jahr 1877, bald treffen wir ihn selbst, in der Vorstadt Obere Windmühle.

Vor dem Haus Nr. 65 mag man andächtig verweilen, im Ohr musikalische Geniestreiche wie *Dorfschwalben aus Österreich* oder, wenn man's kann, *Mein Lebenslauf ist Lieb' und Lust* vor sich hin summend ... Schön, aber sinnlos. Hier irrt der Baedeker. Das Geburtshaus von Josef Strauß steht nicht mehr, es war an der heutigen Hausnummer 71A. Hier ließe es sich allenfalls eher summen, das Haus ist seit 1872 ein Hotel, da gibt es eine Bar zur Erholung von der Stadtwanderung, in der man dankbar an die Forschungsarbeit des Wiener Instituts für Strauß-Forschung denken mag. Sein Chef ist der Urgroßneffe von Josef Strauß, der Jurist Eduard Strauß.

Im »Kummer« traf sich regelmäßig der »Altmariahilfer Künstlerstammtisch«, eine Freundesrunde unter dem Vorsitz von Friedrich Schlögl. Dieser Humorist und Chronist bildet mit Vinzenz Chiavacci und Eduard Pötzl das Dreigestirn des Wiener Humors im späten 19. Jahrhundert. Während Schlögl aus Wiener Neustadt in die Wiener Innenstadt zugezogen ist, waren die beiden Erstgenannten Söhne der Laimgrube, wenn das poetische Bild gestattet ist. Dorthin werden wir auch bald kommen.

Gerade sind wir noch bei der Hausnummer 72 gewesen. Beim Betrachten alter Bilder und Fotos wird man an dieser Stelle eine Kirche sehen – die längst nicht mehr an dieser Adresse zu finden ist.

Ihre Geschichte ist eine ganz andere als die der ebenfalls abgebrochenen Rauchfangkehrerkirche auf der Wiedner Hauptstraße. Auch diesen Kirchenbau St. Josef ob der Laimgrube hat man als Verkehrshindernis empfunden und deshalb abgetragen. Allerdings hat man ihn wenige Hundert Meter entfernt ganz korrekt neu gebaut, die Einrichtung transferiert, und so steht St. Josef seit 1906 in der Windmühlgasse 3.

Mittlerweile hat die Straße ihre Höhe erreicht. Bei der Stiftskirche hatte die Pferdetramway eine Haltestelle, an der den beiden Rössern der berittene Kamerad abhanden kam und zurück zur Rahlstiege trabte.

Das ist eine gute Gelegenheit zur Betrachtung der Haupteigenschaften dieses alten Straßenzugs: Geschäft und Verkehr. In der Elektrischen nun kostete ein Fahrschein 6 Kreuzer = 12 Heller, später 10 Kreuzer = 20 Heller, die alte Bezeichnung »Sech-

Wiener Tramway, Kinderbuch

serl« erhielt sich im neuen Fahrpreisschema. Dazu gab man 1 Kreuzer Trinkgeld, besonders Noble gaben 2 Kreuzer. Neben der Elektrischen gab es auch noch einige Pferdestellwagenlinien, ihrer Reklametafeln wegen »Odolwagerln« genannt. Ein Tramwaywagen bot Platz für acht Personen im Nichtraucherabteil und ebenso acht im Raucherabteil. Im Wageninneren war es verboten, zu stehen. Auf der vorderen, noch nicht verglasten Plattform gab es vier, auf der hinteren sechs Stehplätze. Waren alle Plätze besetzt, so wurde vom Wagenführer eine weiße Tafel aufgesteckt – »Komplett«.

Die erste Wiener Elektrische, wie die volkstümliche Bezeichnung lautete, fuhr am 28. Jänner 1897 auf der Strecke Vorgartenstraße–Wallgasse, also in den 6. Bezirk. Die Pferdetramway stellte ihren Betrieb wenige Jahre später ein, 1903 durchquerte sie zum letzten Mal eine Wiener Strecke.

Die Elektrische 1903. Modell

Franz Joseph I. im Wagen

Ein besonderer, fast täglicher Verkehrsteilnehmer war der Kaiser. Hier lasse ich ein Zitat folgen, dieses stammt von meinem Großvater, Jahrgang 1894, den ich seinerzeit zum Protokoll seiner Erinnerungen bewegen konnte: »Um 8 Uhr früh fuhr der Kaiser jeden Tag im offenen Wagen über die Mariahilfer Straße in die Burg und um 5 Uhr Nachmittag wieder zurück nach Schönbrunn. Bei diesen täglichen Fahrten des Kaisers gab es keine ›weißen Mäuse‹ usw., lediglich ein Reservewagen fuhr in einiger Entfernung nach, falls dem Wagen des Kaisers etwas zustoßen sollte. Der Wagen, ein Hofwagen, hatte vergoldete Speichen, ansonsten war kein Unterschied zu einem Fiaker. Wenn ich konnte, stellte ich mich an der doch eher engen Straße an der schmalsten Stelle auf und war sehr stolz, wenn der Kaiser meinem Gruß, wie dem der anderen Passanten, durch Kopfnicken oder Salutieren dankte.«

Also haben wir nun nach Leopold I. auch Franz Joseph I. nach Schönbrunn verfolgt. Der prominenten Lage wegen zwischen den beiden wichtigsten kaiserlichen Schlössern wurde die Mariahilfer Straße schon 1826 gepflastert. Als erste Straße Wiens bekam sie 1912 eine Gasbeleuchtung. Ab 1913 wurde diese in ganz Wien eingesetzt, erst 1962 um 16 Uhr wurde die letzte Wiener Gaslaterne abgedreht – und gewiss auch gleich verkauft. Denn um diese schönen historischen Beleuchtungskörper, Wien-Symbole, bewarben sich sofort viele Interessenten, auch prominente wie Hans Moser, Susi Nicoletti oder Lotte Lehmann. Die Anfragen kamen ebenso aus Südafrika wie aus Norwegen.

Zurück zur Straße, wir stehen vor oder sitzen in Nr. 73 – Café Ritter. Seit 1905 erwartet das alte Kaffeehaus seine Gäste, doch es ist weit älter. 1867 eröffnet, hatte es sein Lokal ums Eck, im Palais Kaunitz. Es ist, neben dem Sperl, das zweite Café in diesem Bezirk, das unter Denkmalschutz steht. Im Gegensatz zu diesem stand sein Schicksal einmal auf Messers Schneide. Der Hausbesitzer hatte die Miete erhöht, auf den neunfachen Betrag, da wäre es beinahe aus gewesen mit der Tradition. Im letzten Moment fand sich ein Retter, der die Schulden und glücklicherweise auch die Einrichtung übernahm. Entscheidend an der Rettung wirkte damals das Denkmalamt mit. Mit dem Beschluss, das Kaffeehaus unter Schutz zu stellen, wurde der Plan des Vermieters, aus den Räumen ein Textilgeschäft zu machen, verhindert.

Nun kommt es zu einer seltenen Begegnung: Auf Nr. 75 gibt es eine unterirdische WC-Anlage, an der Ecke Amerlingstraße. Dieses Jugendstiljuwel des Jahres 1913 gehört in die lange Werkereihe der Firma des außerordentlich verdienstvollen Wilhelm Beetz. Er war Brandenburger, hatte einige Patente und bekam ab 1883 den Auftrag zum Bau von Toilettenanlagen in Wien. Zum Glück stehen noch einige und zeugen für den

Geschmack des Unternehmers und der auftraggebenden Magistratsbeamten.

Das heutige Hotel Münchnerhof, Mariahilfer Straße 81, spekuliert wohl mit seinem Namen auf die am nahen Westbahnhof ankommenden reisenden Bayern, früher hat es offenbar auf britische Reisende gehofft und nannte sich Englischer Hof. In seinem großen Ballsaal konzertierten Joseph Lanner und Carl Michael Ziehrer. Vorgänger war das Gasthaus »Zum blauen Bock«, das sich in der Vorstadt gegen heftige Konkurrenten behaupten musste, vor allem das »Goldene Kreuz« und das »Goldene Stuck«.

Wer sich nach dem Haus mit der Nr. 103 im Internet erkundigt, wird über Ärzte, Kunst und fernöstliche Küche informiert. Hier hingegen erfahren Informationshungrige, dass in diesem Haus Bruno Marek geboren wurde, der Wiener Bürgermeister der Jahre 1965–1970.

Wenige Schritte weiter und wir sind an prominenter Stelle der Technikgeschichte – im Haus Nr. 107. In Malchin, im äußersten Nordosten Deutschlands, 1831 geboren, kam Siegfried Marcus über Hamburg und Berlin nach Wien, erst 21 Jahre alt. Er wurde Mechaniker, richtete sich 1856 sein erstes eigenes Labor ein, das er Telegraphenbauanstalt nannte. Hier entwickelte er zwar Telegrafen, erfand jedoch auch ganz andere Dinge. Elektrische Beleuchtungskörper, Gaslampen, Vergaser gehörten dazu – und elektrische Zünder, die Sprengungen auslösen konnten. An diesen, von der preußischen Armee im Krieg gegen Frankreich 1870/71 eingesetzt, verdiente Marcus ebenso wie an seinen anderen Erfindungen; er konnte 130 Patente anmelden. Am bekanntesten wurde er durch seine beiden Motorwagen. Er hat viele Jahre lang als Erfinder des Automobils gegolten – doch war er es nicht. Falsche, von seinen Verehrern veröffentlichte Daten, ja Verwechslungen seiner Erfindungen führten zu diesem Renommé. Das ist alles längst erforscht und korrigiert. Während von dem

Der Marcuswagen im Technischen Museum Wien

ersten, 1870 gebauten Motorwagen dank einigen authentischen zeitgenössischen Berichten leider nur die Erinnerung lebt, kann man den zweiten, 1898 der Öffentlichkeit präsentierten, im Wiener Technischen Museum bewundern. 2006 hat man einen exakten Nachbau angefertigt, der immer wieder bei Technikjubiläen durch die Stadt rumpeln darf. Das Original ist zwar seit 1950 fahrbereit, bedarf aber klarerweise der Schonung.

Und da jetzt bald der Gürtel erreicht ist, wollen wir uns von der alten Straße ab- und anderen Bezirksteilen zuwenden. Wenn wir im nächsten Bezirk, dem Neubau, ankommen, werden wir die andere Seite der früheren Kremser Straße, Bayerischen Landesstraße oder Laimgrubner Hauptstraße besuchen.

Das Wienerlied für den Ortsteil Mariahilf haben wir längst zitiert, *In der Barnabitengassen* ... Dieser Bezirk hat noch mehr in diesem Genre zu bieten – *In Gumpendorf drunt, auf an Eck Nummero zwa* ... Ein Gumpendorfer mit einer Weltkarriere hat dieses Lied, neben anderen Wienerliedern, besonders gern gehört und gesungen – Oskar Werner aus der Marchettigasse.

Das Gumpendorf hat wie die anderen Bezirksteile nicht leicht zu erklärende Grenzen, also lassen wir es lieber. Kaum ist man in »Untere Windmühle«, so ist man schon wieder in Gumpendorf und gleich danach in »Obere Windmühle«, also halten wir uns an die Gassenbezeichnungen.

Es wird eine Spur komplizierter, wenn man den Liedtext weiter verfolgt. Denn da ist vom Vater die Rede, einem »Hausherrn und Seidenfabrikant«. Aber der Seidengrund ist nicht hier in Gumpendorf, er liegt einen Bezirk weiter, am Neubau, am Schottenfeld. Wie gesagt, die Bezirksgrenzen können verwirren, die Laimgrube, dorthin kommen wir bald, gehört ja auch zum Teil in den 7. Bezirk. Und auch die beginnende Textilindustrie hielt sich nicht an die einhundert Jahre später ausbrechenden Bezirksgrenzen und fand ebenso in den heutigen 6. Bezirk. Die Hornbostelgasse im 6. ist nach Theodor Hornbostel benannt worden, einem vielfach verdienten Wiener, dem Sohn von Christian Georg Hornbostel, der uns seit dem 5. Bezirk und seiner Arbeit für die Hamburger Firma König bekannt ist.

Gumpendorf ist eine der ältesten Vorstädte überhaupt, in seinem Namen steckt die oft unangenehme Beziehung zum Wasser, zur Wien. Häufige Überschwemmungen ließen eine Aulandschaft ohne Siedlung entstehen, »Gumpen« ist mit »Humpen« verwandt, und »Gumpe« meint Tümpel. Der »Obere« Windmühlen-Bezirksteil ist winzig, doch inmitten von Stumpergasse, Liniengasse und Webgasse steht ein Gebäude von Weltrang. 1793 kaufte Joseph Haydn ein Haus in der Kleinen Steingasse, ließ es aufstocken, zog ein und blieb bis zu seinem Tod am 31. Mai 1809. Sein Notenkopist, Kammerdiener und Weggefährte Johann Elßler, der Vater der Tanzlegende, war bei ihm bis zum letzten Tag. In der nahen Hofmühlgasse hat er gewohnt, auf Nr. 17, dort ist auch Tochter Franziska, genannt Fanny, zur Welt gekommen. Die Oratorien *Die Schöpfung* und *Die vier Jahreszeiten* hat Haydn in seinem neuen Haus komponiert, ebenso die letzten der langen Reihe seiner Streichquartette, wie das *Kaiserquartett*. In seinen letzten Lebenswochen brach große Unruhe über Wien und über den alten Meister herein – die Franzosen waren wieder da. Joseph Haydn hatte es sich schon lange zur Gewohnheit gemacht, Tag für Tag am Klavier seine Kaiserhymne zu spielen, davon ließ er auch in diesen Tagen nicht ab. Allerdings erwiesen die Franzosen ihm alle Ehre, Napoleon stellte eine Wache vor seine Haustüre. Und am 13. Mai bekam Haydn Besuch von einem jungen französischen Offizier, der bat, ihm *Mit Würd' und Schönheit abgetan* aus der *Schöpfung* vortragen zu dürfen. Haydn war zudem seit 1805 Mitglied des Conservatoire de Paris. Aber er empfing auch Besuche ganz anderer Art, deren Berichte sind zahlreich. Immer wieder wird der Garten des Hauses mit seinen Obstbäumen erwähnt, auch heute gepflegt im Stile der Jahre um 1800.

Seinen letzten großen Auftritt in der Öffentlichkeit erlebte Haydn am 27. März 1808, kurz vor seinem 76. Geburtstag. In der Aula der alten Universität wurde die *Schöpfung* aufgeführt, dirigiert von Antonio Salieri. Ludwig van Beethoven begrüßte Haydn mit einem Handkuss.

Er hatte in seinen Jugendjahren Unterricht bei Joseph Haydn genommen. Auch er hat in Mariahilf gewohnt – auf der Lahmgruaben, die genaue Adresse ist unsicher – und im Theater an der Wien. Denn während der langen Monate der Komposition der ersten Fassung des *Fidelio* wohnte Beethoven im Theatergebäude, in den Jahren 1803 und 1804. Der Uraufführung am

20. November 1805 folgte die erste überarbeitete Version am 29. März 1806. Der endgültige *Fidelio* war am 23. Mai 1814 zum ersten Mal zu erleben – aber nicht »an der Wien«, sondern im Theater am Kärntnertor. Das Theater an der Wien konnte leicht auf diese dritte Fassung verzichten, denn was hat hier nicht alles noch sein Bühnenleben begonnen – *Das Käthchen von Heilbronn* von Kleist, *Die Ahnfrau* von Grillparzer, *Der Zerrissene* von Nestroy, *Der Waffenschmied* von Lortzing, *Der Bettelstudent* von Millöcker, *Der Zigeunerbaron* von Strauß Sohn … und 1874 – *Die Fledermaus*. Gleich hinter dem Theater, in der damaligen Dreihufeisengasse, der heutigen Lehárgasse, stand das Decorationsdepot für die k. k. Hoftheater, heute genannt das Semperdepot. Sein Architekt war Gottfried August Semper, der die Pläne mit seinem Berufspartner Carl von Hasenauer erstellt hatte. Die Herren bauten zur selben Zeit, zwischen 1871 und 1874, auch das Natur- und das Kunsthistorische Museum gemeinsam.

Im Haus neben dem Semperdepot hat das Café Sperl seinen Sitz, das sich seiner Tradition bewusst und mit Recht denkmalgeschützt ist. 1880 hat es sein schönes Portal in der Gumpendorfer Straße 11 geöffnet. Erster Besitzer war Jacob Ronacher, Bruder des erfolgreichen Varieté-Unternehmers Anton, der aber noch im Eröffnungsjahr 1880 an Carl Sperl verkaufte. Die Besitzer wechselten, Name, Charakter, Einrichtung blieben erhalten. In den Jahrzehnten bis zum Ersten Weltkrieg gab es hier Offiziers-Stammtische, wichtige militärische Dienststellen prägten die nahe Umgebung, wie die k. u. k. Kriegsschule in der Lehárgasse, das Ministerium in der Babenbergerstraße, die Stiftskaserne. Aber auch Künstler trafen sich hier, wie die Secessionsgründer Kolo Moser, Josef Maria Olbrich, Josef Hoffmann. Dieses Kaffeehaus konnte sich dank seiner Lage und der Nähe zum Theater an der Wien durch bewegte Zeiten nicht nur retten, sondern auf hohem Niveau halten. 1968 entschloss sich die Cafetierfamilie Staub

Café Sperl. Der pfeifenrauchende Zeitungsleser im Spiegel ist der Vater des Autors.

zum Kauf, restaurierte jedes Detail und sicherte Gegenwart und Zukunft.

Zu den am häufigsten fotografierten Motiven nicht nur in Mariahilf, sondern in Wien gehört das Papagenotor des Theaters an der Wien.

Wer sich über die Kinder wundert, die da den Vogelmenschen umringen, mag sich das Werk zu Gemüte führen, um das es hier geht. Denn das ist nicht die *Zauberflöte* von Mozart und Schikaneder, hier sehen wir eine Szene aus *Das Labyrinth oder Der Kampf mit den Elementen. Der Zauberflöte zweiter Teil* von Peter von Winter und Emanuel Schikaneder, Uraufführung 12. Juni 1798 im Theater auf der Wieden. Die Kinder sind Papagenos Geschwister, die er in Szene 16 der nicht ganz einfachen Handlung per Zufall nebst seinen verschollenen Eltern im Urwald im Zuge eines Spaziergangs gefunden hat.

Eine zivile Adresse mit militärischen Aufgaben war die Esterházygasse 10. Das denkmalgeschützte Haus steht nach wie vor und ist in gutem Zustand. In dem 1810 errichteten, 1884 umgebauten Gebäude hatte eine Familienfirma ihren Hauptsitz, deren Erwerbszweig man heute kaum erraten kann – die Fez-Fabrik Volpini. In zwei ihrer Fabriken erzeugte Volpini de Maestri Filz zur Fezherstellung, wandte sich aber schon 1910 anderen Aufgaben zu, der Papierproduktion. Dennoch blieb die Fez-Fabrikation weitgehend in österreichischer Hand.

Traditionell war Tunesien das Fez-Land schlechthin, bis der Osmanensultan Mahmud II. eine Kleidungsreform durchsetzte und eine Fez-Fabrik in Istanbul bauen ließ. Ein findiger Kopf in Brünn begann 1780 die »türkischen Kappen« zu fertigen, um 1800 machten mehrere Strumpfwirker in Strakonitz, Böhmen, es ihm nach. 1809 verbesserten sie ihr Know-how mithilfe französischer Soldaten, bekamen schon von türkischen Händlern in Wien große Aufträge und belieferten den Balkan. Um 1860 erzeugte Volpini 30 000 Stück pro Jahr, die Strakonitzer Konkurrenzfirma Wolf brachte es auf 100 000 Stück. 1878 kam Bosnien mit der Herzegowina unter k. u. k. Verwaltung. Österreich-Ungarn stellte nun vier bosnisch-herzegowinische Infanterieregimenter auf, dazu ein Feldjägerbataillon, das ergab in Friedenszeiten eine Anzahl von zumindest 7000 Fez-Trägern, denn die Bosniaken waren Moslems. Den eigenen militärischen Bedarf konnte Österreich-Ungarn also leicht decken.

Der Fez-Umsatz steigt!

Bevor die gebotene Seitenzahl knapp wird, kommen wir zu zwei wesentlichen Themen: Glasfensterkunst in Mariahilf und damit verbunden – der Secessionsstil, die österreichische Jugendstilvariante.

1841 hat Carl Geyling seine Firma gegründet – mit dem Firmensitz Windmühlgasse 28. Das Geyling-Schlössl hat durchgehalten, bis in den 1960er-Jahren eine kurzsichtige Fehlplanung zum Abbruch dessen führte, was vom Krieg verschont geblieben war. Als Carls Neffe Rudolf Geyling 1880 des Onkels Erbe übernahm, begann die Glanzzeit der Firma. Schon 1884 kamen Aufträge aus fast ganz Europa, wurden 200 Kirchenfenster geschaffen und 1200 private Häuser ausgestattet. In den Stephansdom, nach Maria am Gestade, in den Karmel von Mayerling wurde geliefert, aber auch nach Nancy in Lothringen, nach St. Petersburg in Russland. Otto Wagner ließ Geylings Erben die Entwürfe von Kolo Moser für die Kirche am Steinhof in die Tat umsetzen und schuf somit einen Höhepunkt der Secessionskunst.

Im 6. Bezirk birgt ein Gebäude Meisterwerke aus der Geyling-Werkstatt, das Haus der Großdrogerie Wilhelm Neubers Enkel, Linke Wienzeile 152. Eines von dessen großformatigen Glasbildern hat Österreich auf der Pariser Weltausstellung 1900 eine Goldmedaille gebracht.

Firma Geyling. Glasbild im Theater an der Wien

Mehrere Generationen lang blieb die Firma in Familienbesitz, 1997 wurde sie vom oberösterreichischen Stift Schlierbach übernommen. Dort bestand schon seit 1884 eine Glasmalerei.

Scharfe Konkurrenz für Geylings Erben war die Tiroler Glasmalerei und Mosaikanstalt, mit Stammsitz Innsbruck und Filialen in New York und Wien. Ihr gelang nach eigenen Angaben ein Höhepunkt mit Fenstern für die Wiener Votivkirche, Auftragsarbeiten vom abgedankten Kaiser Ferdinand und der Fürstenfamilie Schwarzenberg. Über diese beiden Glasmalereimeisterfirmen und mehr zum Thema erfährt man in der Glasmuseumabteilung des Bezirksmuseums Mariahilf.

Wer den Namen Geyling in anderem Zusammenhang kennt, denkt an den großen Künstler Remigius Geyling (1878–1974). Er war ein Sohn jenes Rudolf Geyling, der die Familienfirma zur Weltgeltung geführt hat. Doch er hat den familiären Stafettenlauf nicht mitgemacht, aber immerhin einen verwandten Beruf ergriffen. Während seine Cousine mit ihrem Mann bei der Glasmalerei blieb, wurde Remigius Geyling Maler, Bühnenbildner und Erfinder. Er war 25 Jahre lang Ausstattungschef des Burgtheaters und hat einen neuen Weg der Bühnenprojektion beschritten. Zudem war er ein Mitbegründer des Österreichischen Werkbunds und mit Secession-Kollegen wie Kolo Moser und Gustav Klimt befreundet.

Das Haus und die Künstlervereinigung führen denselben Namen, der sich in Österreich gegen den in Deutschland üblichen Begriff Jugendstil durchgesetzt hat. Und gerade in Mariahilf ist der Secessionsstil mit etlichen Hauptwerken vertreten. Die Wienzeilen-Häuser sind Avantgarde gewesen – der Abschied vom Historismus.

Wagner hatte den Plan, die Wienzeile vom Karlsplatz bis Schönbrunn als prachtvollen Boulevard zu gestalten. Er selbst ist mit drei Häusern vertreten, als Architekt, aber auch als Bauherr. Da konnte man ihm nicht dreinreden.

Gustav Klimt mit seinem Damenflor.
Karikatur des Klimt-Freundes Remigius Geyling

1898 baute er die Häuser Linke Wienzeile 38 und 40. Dieses, das Majolikahaus, hat eine mit glasierten, wetterbeständigen Fliesen verkleidete Fassade. Nr. 38, an der Ecke zur Köstlergasse, ist weiß verputzt, mit goldenen Ornamenten von Kolo Moser geziert. Das dritte Haus, Köstlergasse 3, hat eine weit schlichtere Fassade.

Die vielen Stiegen und steilen Gassen sind für diesen Bezirk typisch und forderten entsprechende bautechnische Lösungen. Die Rahlstiege stand bereits am Beginn dieses Kapitels, nun verdient die Fillgraderstiege besondere Erwähnung. Entworfen von Max Hegele wurde sie 1905 bis 1907 erbaut, sie gilt als eine der schönsten Treppenanlagen Europas. Ihren Namen hat sie von der wohltätigen Maria Anna Fillgrader. Nach dem mutigen und unkonventionellen Wiener Kulturstadtrat Viktor Matejka ist die Stiege beim Apollokino benannt, auch sie erfreut sich des Denkmalschutzes.

Das Kino steht auf den Trümmern einer glänzenden Vergangenheit. Gewiss, als modernes Kino mit zwölf Sälen kann es in der Gegenwart bestehen. Die diversen Umbauten haben dem einstigen Neorenaissanceprachtbau eine immer noch attraktive, dennoch nicht mehr so eindrucksvolle Fassade beschert.

Am 2. September 1904 wurde eröffnet. Die *Neue Freie Presse* bringt nach einer unerfreulichen Wetterprognose die Nachricht, dass »heute morgens das Infanterie-Regiment Hoch- und Deutschmeister Nr. 4 mit der Eisenbahn« angekommen sei, es habe mit klingendem Spiel seine Ubikation bezogen.

Darauf folgt der Bericht »Abermalige Erhöhung der Fleischpreise«. Da wird den Wiener Fleischhauern der Vorwurf gemacht, »die ohnehin bereits bis zur Grenze der Möglichkeit gestiegenen Fleischpreise abermals zu erhöhen. Die sozialdemokratische Partei kündigt für die nächste Zeit eine große Bewegung in Österreich gegen die Verteuerung der Lebensmittel an.«

Die hohen Lebensmittelpreise haben keinen negativen Einfluss auf die Lebensfreude der Wiener. Denn nun folgt der für uns eigentlich interessante Bericht: »Die erste Vorstellung, die heute in dem neuerbauten Apollo-Theater in der Gumpendorferstraße stattfand, vollzog sich wie ein großes Ereignis für die westlichen Bezirke Wiens. Vor dem Hause auf der Straße staute sich zu Beginn der Vorstellung eine solche Menschenmenge, daß die Passage und der Straßenverkehr nur mit Mühe aufrecht erhalten werden konnten. Im Theater selbst war alles bis auf den letzten Sitz von einem distinguierten Publikum besetzt, unter dem sich auch Statthalter Graf Kielmansegg befand … Das Programm war äußerst reichhaltig und gediegen, es wies fast durchwegs erstklassige Pièces auf, die vielen Beifall fanden.«

Den erfolgreichen Eröffnungsabend hat der Bauherr und Hausbesitzer Dr. Ludwig Herz zwar noch miterlebt, aber er hatte sich mit mehreren Projekten finanziell ruiniert und erschoss sich einen Tag später im Prater.

Der Direktor hingegen erlebte ab dem ersten Abend eine Erfolgsserie, die seinen Namen (Bernhard) Ben Tiber zu einem Synonym für einen Glückspilz werden ließ. Schon nach einem Jahr erwarb er den Theaterbau, zu dem neben der eigentlichen Bühne ein Wintergarten, ein Restaurant und ein Kaffeehaus gehörten. Konzerte gab es täglich, und das Varietéprogramm übertraf jenes des so erfolgsverwöhnten Ronacher im Zentrum. Neben Größen wie Richard Waldemar traten auch vielversprechende Nachwuchskünstler auf, so Hans Moser und Fritz Grünbaum. Ben Tiber machte sogar den Operettentheatern Konkurrenz, mit Uraufführungen wie dem *Fliegenden Rittmeister* von Hermann Dostal, mit dem seinerzeit ungemein beliebten *Fliegermarsch*. Eine besonders erfolgreiche Neuerung war sein »Nuditätenprogramm«, mit dem Pariser Import »Folies Bergère«.

Zu höchster Aufregung führte das Engagement der geheimnisumwitterten Mata Hari, das *Neue Wiener Journal* war im Dezember 1906 dabei: »Das Kostüm bildete eine kleine Sensation.«

Die nahe Secession, die freilich schon nicht mehr im 6., sondern im 1. Bezirk steht, hat sich damals angehängt und ihr Haus für einen Abend zum indischen Tempel gemacht. Das *Deutsche Volksblatt* wurde poetisch: »Düfte von indischem Räucherwerke durchziehen mit bläulichen Wölkchen den Raum und leise zitternde Musik leitet zu dem Erwarteten hinüber. Da öffnet sich eine Tür und Mata Hari tritt in den improvisierten Tempel ... So muß Salome Johannes entgegentreten sein ...« Der Bericht schließt mit dem Gedicht eines Überwältigten, der sich dennoch den Humor bewahrt hat:

Es war der höchste Kunstgenuß
Zu schauen auf den geschwungenen Fuß
Und auf die opfernd erhobene Hand,
Sowie auf den Leib mit so wenig Gewand.
Und die Mata Hari kam dreimal hervor,
Bis sie immer mehr Gewänder verlor.

Aber die Angelegenheit geht schnell zu Ende:

Es hofften zwar alle, es sei noch nicht aus,
Doch da kam ein bekleideter Herr heraus
Und sagte: Sie können nach Hause gehen,
Die Mata Hari läßt heut' nichts mehr sehen.

Der geschäftstüchtige Ben Tiber wird wohl an den Secessionseinnahmen beteiligt gewesen sein. Am 17. August 1911 erwarb er von Otto Wagner dessen Wohnhaus, die Villa in der Hüttelbergstraße 26, und wohnte hier bis zu seinem Tod.

Im Stil zwischen dem späten Historismus und dem beginnenden Jugendstil findet sich die Hauptfeuerwache Mariahilf, erbaut kurz vor dem Ersten Weltkrieg, ein auffallend schöner Zweckbau, Gumpendorfer Gürtel 2.

Gleich zwei berühmte Möbelfabrikanten haben im 6. Bezirk ihre Spuren hinterlassen: Michael Thonet besaß in der Mollardmühle eine frühe Produktionsstätte für seine Bugholzmöbel. 1847 beendete der Müller seinen Betrieb, zwei Jahre danach begann Thonet mit seiner sehr schnell sehr erfolgsreichen Arbeit. 1853 nahm er seine Söhne in die Firma, das Logo »Gebrüder Thonet« wurde bald weltberühmt. Die alte Mühle hatte zur Herrschaft Gumpendorf gehört, stand nahe dem Linienwall. Ihren Namen hatte sie von den Grafen Mollard, einer Adelsfamilie, deren letzter männlicher Namensträger 1759 starb. Ihr bekanntestes Mitglied war Maria Karoline Mollard, verheiratete und verwitwete Gräfin Fuchs, die Erzieherin Maria Theresias, die große Ausnahme in der Kapuzinergruft – sie gehörte ja nicht zum Haus Habsburg-Lothringen.

Michael Thonet war von Boppard am Rhein nach Wien übersiedelt. Der Tischlergeselle Bernhard Hieronymus Ludwig kam aus Mülsen in Sachsen. 1862 erwarb er die österreichische Staatsbürgerschaft und richtete sich in der Gumpendorfer Straße 117 eine Zeichenschule für Tischler und Tapezierer ein. Nachdem er mehrmals aufgrund seiner eigenen Zeichnungen Aufträge bekommen hatte, eröffnete er 1865 auch eine Tischlerwerkstätte. Sie hatte Erfolg, wurde zu klein, 1877 zog der Betrieb um, in die Münzwardeingasse 2, blieb also in Mariahilf. Seine Möbel entsprachen der Tradition, ganz anders als jene von Thonet. Ludwig wurde k. k. Hoflieferant, übergab seine Firma dem ältesten Sohn Bernhard und ging in Pension. Er starb 1897.

Seine Firma könnte bereits dem neureichen Herrn von Faninal im *Rosenkavalier* sein »neues Stadtpalais« ausgestattet haben. Den Hausherrn, einen klassischen Parvenu, hätte das durchaus gefreut, denn er sagt auch: »Alle Neidhammeln von der Wieden und der Laimgruben, auf, in die Höh'!«

Nicht weit von Thonets Mollardmühle stand das Gumpendorfer Schloss, in der Mollardgasse 92, Wallgasse 3. Was die Jahrhunderte und der Bau des Linienwalls von ihm übrig gelassen hatten, erwarb 1858 der Maler Friedrich Amerling. Er bewohnte das Herrenhaus und machte es zu seinem privaten Museum, mit einer großen Kunstsammlung, mit zahlreichen Kunstschmiedearbeiten. Hier ist Friedrich Ritter von Amerling 1887 gestorben. So ist es ihm erspart geblieben, das Ende seines Hauses mitzuerleben. Der Stadtbahnbau war stärker. 1895 hat man das Amerlingschlössel abgetragen. Der Meister war viermal verheiratet – zuletzt seit 1881 mit Maria, geborene Nemetschke, geschiedene Paterno. Sie ging mit ihrem betagten Ehemann auf weite Reisen, bis zum Nordkap, nach Ägypten, nach Palästina, und tröstete sich auch in ihrem Witwenstand mit diesem Steckenpferd. Der österreichische Diplomat James Samson, gebürtiger Amerikaner, notierte in seinem Tagebuch, dass Marie von Amerling am 16. Dezember 1888 in seinem Büro in der Region Malabaren, Indien, Empfehlungsschreiben für die k. u. k. Konsulate in China und Japan erhalten hat.

Das schöne Renaissanceportal des Amerlingschlössls ist erhalten geblieben, man kann es im Hof der Gumpendorfer Straße 104 besuchen, auch wenn man in den Hof nicht hineinkommt – man sieht es durch das Gittertor und kann wehmütig an Herrn Amerling denken, der viele Große seiner Zeit porträtiert hat, bis er selbst zu ihnen gehört hat, so wie heute ein Gesellschaftsreporter so lange über Prominente reportiert, bis er selbst einer von ihnen geworden ist.

Für ein anderes, nahe gelegenes Gebäude hingegen war die neue Stadtbahn ein Glücksfall – für das Raimund Theater. Ob die Gründer, eine Gemeinschaft von 500 Wiener Bürgern, das Insiderwissen hatten, dass bald nur wenige Hundert Meter entfernt die Stadtbahnstation Gumpendorfer Straße das Publikum rudelweise zum neuen Theater bringen würde? Am 28. November 1898 fand die Eröffnung statt, mit Ferdinand Raimunds Zauberstück *Die gefesselte Phantasie*. Erster Direktor wurde Adam Müller-Guttenbrunn, Feuilletonist und Kritiker. Er ließ sich von Hermann Bahr beraten, die Herren waren einer Meinung, man müsse das klassische Volksstück retten und die »Operettendekadenz« zurückdrängen. In anderen Punkten stimmten ihre Meinungen nicht überein – Müller-Guttenbrunn war äußerst antisemitisch, leitete sein Theater im »betont nationalen Geist«. Bahr hingegen trat so massiv gegen Antisemitismus auf, dass viele seiner Zeitgenossen ihn für einen Juden hielten. Als seine Witwe nach 1938 den unseligen Ariernachweis erbringen musste, hatte man es schwarz auf weiß – Bahr war nicht Jude, im Gegensatz zu seiner ersten Frau und zu vielen seiner Freunde.

Der Theaterdirektor und sein Ratgeber haben es nicht lange miteinander ausgehalten, zudem hatte Müller-Guttenbrunn das Raimund Theater nach wenigen Jahren in den Konkurs geleitet. Er verzichtete nämlich auf mögliche Erfolge, wenn die Autoren nicht seiner alldeutschen Gesinnung entsprachen. Von Mariahilf siedelte er weiter auf den Alsergrund, wurde abermals Direktor, dort wollen wir ihn wohl oder übel wieder treffen.

In den kurzen Jahren seiner Ratgeberschaft hatte Hermann Bahr bedeutende Bühnenkünstler seines Freundeskreises anlocken können – Alexander Girardi, Max Reinhardt, Adele Sandrock und Eleonore Duse, als deren Entdecker er sich sah.

Das Raimund Theater leitete nach dem Antisemiten ein Jude, Sigmund Lautenburg, zwar nur für ein Jahr, doch mit einer deutlichen Spur – nicht in der Theatergeschichte, sondern in der Kunstgeschichte. Er hatte vor, das Schauspiel *Die Nibelungen* von Friedrich Hebbel aufzuführen, für die Ausstattung war Carl Otto Czeschka vorgesehen. Dieser Freund von Kolo Moser und Josef Hoffmann, Zeichenlehrer der Kinder von Erzherzog Carl Ludwig – den Erzherzögen Franz Ferdinand und Otto –, zählte zu den wesentlichen Mitarbeitern der Wiener Werkstätte. Direktor Lautenburg war ein modern denkender Mensch.

Das Projekt musste leider abgesagt werden, aber Bühnenbild und Kostüme lagen schon als Entwurf vor. Wäre es zur Aufführ-

Carl Otto Czeschka. Die Nibelungen *im Verlag Gerlach & Wiedling*

rung gekommen, sie hätte gewiss Theatergeschichte gemacht, als Paradebeispiel für den Secessionsstil. Immerhin wurde aus Czeschkas Zeichnungen ein Büchlein, das im renommierten Verlag Gerlach & Wiedling erschien und heute als Rarissimum gesucht wird.

Das Büchlein war ein großer Erfolg – und ist es noch heute. Etliche der Nibelungen-Figuren ließ Czeschka in Holz als Spielzeug herstellen. Sie werden im Museum für Kunst und Gewerbe in Hamburg gehortet wie der Nibelungenschatz. In diese Stadt kam Czeschka durch eine Reihe wichtiger Auftragsarbeiten und blieb; dort ist er 1960 gestorben. Einer der zahllosen Entwürfe dieses Mitglieds der Wiener Secession ist äußerst lebendig – das Logo der Zeitschrift *Die Zeit*, Hamburg.

Der Hamburger Senat gestattete der neuen Wochenzeitung nicht die Verwendung des Wappens im Logo – und so steht das Hamburger Blatt seit 1946 im Zeichen der Hansestadt Bremen.

Zwei Wienerlieder, die sich Mariahilf vornehmen, wurden schon zitiert. Hier kommt noch eines, das freilich schon im 4. Bezirk genannt wurde, mit dem Refrain »Auf der Lahmgruab'n und auf der Wieden, sind die Gusto sehr verschieden!«

Wien VII

Neubau

Gegründet: 1850
Fläche: 1,61 km²
Bezirksmuseum: Amerlinghaus,
Stiftgasse 8

So klein der Bezirk, so groß das Angebot. Nur Mariahilf und die Josefstadt sind kleiner.

Der Beginn ist dem anderer Bezirke ähnlich: 1850 schon mit dem Namen Neubau eingemeindet, als 6. Bezirk, ab 1861 wurden die Bezirksgrenzen neu festgelegt, und so kam es 1862 zum 7. Bezirk, der allerdings ein Jahr später abermals seine Grenzen verändert hat.

Wie überall in Wien, so gibt auch am Neubau – man lebt am Neubau, nicht in Neubau – das Wappen einen Überblick über die Bezirksteile. Neubau in der Mitte, rundherum Altlerchenfeld, St. Ulrich, Schottenfeld, Spittelberg. Dazu kommen noch, ohne Symbole im Wappen, Laimgrube und Mariahilf.

Wer jetzt den Kopf schüttelt – dort waren wir doch schon? – hat recht. Die beiden zuletzt genannten Namen sind ebenso im befreundeten Nachbarbezirk Mariahilf zu Hause. Aber das macht nichts – wer zum Beispiel die Grenzen des Salzkammerguts zwischen Oberösterreich, Salzburg und der Steiermark oder die Handlung der Oper *Tosca* begriffen hat, wird auch Wiens Bezirksgrenzen durchschauen.

Der Neubau ist eine Stadtlandschaft für Spaziergänger, wie auch die benachbarte Josefstadt. Für Flaneure ideal ist der Spittelberg, mit dem Bezirksmuseum, mit zahlreichen Gaststätten, einem Theater mit reichhaltigem Musikprogramm. Schmale Gassen, Barock und Vormärz, authentische Stimmung, keine Disneylandgefahr! Das ist kein Zufall, sondern die Folge eines langen Kampfs. Wie auch um den Naschmarkt, so wurde um den Spittelberg erbittert gekämpft. Die gemeindeeigene Baugesellschaft Gesiba plante den Abriss der dem Verfall preisgegebenen alten Häuser. Ein modernes, zeitgeistiges, schickes Wohngebiet wurde entworfen. Ähnlich ging es beim ehemaligen TGM zu, das ab 1978 in großer Gefahr war, dazu kommen wir am Alsergrund. Das Areal am Spittelberg stand seit 1973 unter Denkmalschutz – aber das bedeutete noch lange nicht die Rettung dieses historischen Teils von Wien. Erst mit der Besetzung des Amerlinghauses kamen neue Gespräche in Gang. Spittelbergbewohner, Denkmalschützer, Architekten und ihre Studenten forderten, das Gebäude in ein Kultur- und Kommunikationszentrum umzugestalten, die Forderung wurde nach zähem, jahrelangem Kampf erfüllt.

Damit war ein intaktes Ensemble gerettet, das in Wiens Kulturgeschichte einen sehr speziellen Platz innehat. Hier war eineinhalb Jahrhunderte lang das Zentrum des Rotlichtmilieus. Außerhalb der Stadtmauer, am Glacis, blühte das Hurenwesen, auch an anderen Stellen der Vorstädte. Am Spittelberg aber ganz besonders – rund 60 Gasthäuser bedachten ihre – männlichen – Gäste nicht nur mit Bier oder Wein und einer minimalen Speisenauswahl, sondern auch in sexualibus et eroticis. Die weiblichen Servierkräfte trugen appetitliche, appetitanregende Berufstracht und waren sich ihrer Pflichten bewusst. Aus diesen Jahren stammt eine Unzahl von Gstanzln und Liedern, die hier nicht zitierbar sind. Der europaweit berühmte Büchersammler und Kenner Franz Haydinger besaß eine einschlägige Kollektion, angelegt ab dem Jahr 1812. Daran kann er selbst noch nicht mitgewirkt haben, er war fünfzehn Jahre alt, zwar wissbegierig, aber auf anderen Gebieten. Er hat diese Spittelberglieder dem Wiener Feuilletonisten und Humoristen Friedrich Schlögl gezeigt – dessen Humor in diesem Fall aber ausgelassen hat. Er war entsetzt: »Schmunzelnd zeigte mir der gefällige Mann diese Scandalosa – es waren fünf Bände im Manuskript – die Haare standen mir zu Berge, als ich nur die ersten Stanzeln las, und ich klappte diese textierte Orgie errötend zu.« Um den Lesern und vor allem mir dieses Erröten, notabene in einem Buch für die ganze Familie, zu ersparen, darf ich einen Hinweis geben: Wer diese Cochonnerien kennenlernen will, möge in der Fachliteratur forschen. Das Fachwerk schlechthin ist in der angeschlossenen Literaturliste zu finden.

Wer sich mit dem heiklen Thema nicht nur in der Theorie befasste, fand sich in guter Gesellschaft. Die Stadtguardia des 17. Jahrhunderts wurde von unterbezahlten Offizieren kommandiert, die vier Monate des Jahres in Sold standen und sich über die acht anderen Monate mit Nebenbeschäftigungen oder Zweitberufen retten mussten. Nachhilfeunterricht für Gymnasiasten zu geben, war nicht ganz ihre Sache. Viele wurden Nebenberufsgastwirte an den Basteien, in üblen Kaschemmen. Dass sie sich deshalb gegenseitig verhaftet hätten, ist nicht bekannt. Immerhin durften sie nicht als Kellnerinnen getarnte Huren in Dienst nehmen, das erotische Material hatte man sich selbst ins Lokal mitzubringen. Und à propos gute Gesellschaft – selbst der Kaiser war sich nicht zu gut für den Spittelbergbesuch.

Joseph II. hatte, früh verwitwet und todunglücklich über den Tod seiner ersten Frau, eine zweite Ehe geschlossen, hatte sie schließen müssen auf Befehl seiner Mutter. Sie soll niemals vollzogen worden sein. Seine Majestät bevorzugte Alternativen, klarerweise inkognito. Am Spittelberg wurde er aus unbekanntem Grund von einem resoluten Gastwirt vor die Türe befördert. Das ereignete sich im Gasthaus »Zum steinernen Löwen«, Gutenberggasse 13. Eine Inschrift an der Gasthauswand verkündet über einer Tür: »Durch dieses Thor im Bogen ist Kaiser Joseph geflogen. 1778.« Das Hauszeichen, der steinerne Löwe, hat die Jahrhunderte überlebt.

Des Kaisers Versuch, die Moral dieser Gassen durch ein Amt zu heben, das hierher verlegt wurde, schlug fehl. Der Vorläufer des späteren Patentamts, zuständig für Gewährung und Archivierung der Privilegien, wie damals die Patente bezeichnet wurden, kam mit Jahresbeginn 1789 in die Gutenberggasse – die

Hauszeichen Gutenberggasse 13, Löwe

Herren k. k. Beamten würden sich gewiss ihrer Würde bewusst sein. Aber der Einfluss der neuen Nachbarn auf die Herren war größer als der von diesen ausgehende auf die Mädeln, die sich ihren Teil von den kaiserlichen Gehältern zu besorgen wussten.

Am Neubau kann man stolz sein auf die überraschend vielen Museen dieses Bezirks. Seit aus den k. k. Hofstallungen das Museumsquartier geworden ist, verfügt der Bezirk über sage und schreibe elf verschiedenartige Kunsttempel. Dazu zählen mehrere Museen von Weltruf – auch das älteste des Bezirks, das Museum der Mechitaristen in der Gasse, der das Kloster auf Nr. 4 den Namen gegeben hat. Der armenische Orden kam 1805 von der Insel San Lazzaro in der Lagune von Venedig über das damals österreichische Triest nach Wien. Seit der Begründung des Wiener Klosters – das Gebäude hat Joseph Kornhäusel geplant – bestand hier auch eine Druckerei, die bis 1998 russisch-serbische und armenischsprachige Bücher druckte – und die dazu notwendigen Lettern teilweise selbst hergestellt hatte. Die Mechitaristenpatres aus Wien sind vielfältig tätig – sie leiten Schulen in Istanbul und Beirut, haben in den USA eine Schule gegründet, betreuen eine Pfarre in Budapest.

Ein kurzer Blick auf ein Haus an der anderen Straßenseite, auf Nr. 5. »In diesem Hause wurde Joseph Lanner am 12. April 1801 geboren.« Man könnte nun auf einen Gedenkraum für diesen Walzervizekönig hoffen, aber das wäre vergeblich. Das Haus ist leider nicht zu betreten, man müsste sich als wohnungssuchend ausgeben. Vater Lanner war Handschuhmacher, der Sohn erlernte den Beruf des Graveurs. Aber wichtiger für uns und die Welt ist, dass er sich in diesem Haus als Autodidakt das Geigenspiel beigebracht hat, ja, dass er im Alleingang sogar Musiktheorie erlernt hat!

Die Mechitaristengasse. Links das Kloster, ein Bau von Joseph Kornhäusel, rechts das Geburtshaus von Joseph Lanner

Zu den schönsten Museen dieser doch so museumsreichen Stadt gehört das Hofmobiliendepot, Andreasgasse 7. Seit 1998 führt es einen Doppelnamen – »Hofmobiliendepot. Möbel Museum Wien«. Damit wird deutlich, dass die kaiserliche Vergangenheit die Gegenwart eingeholt hat, was in Österreich, zumal in Wien, ja nicht selbstverständlich ist. Das ist es auch in diesem speziellen Fall nicht, denn wir bewegen uns in der Andreasgasse nicht im Hofmobiliendepot, sondern in einer stillgelegten Strumpffabrik. Bevor das alles zu kompliziert wird, wollen wir an den Beginn gehen. Der Ursprung fällt in das Jahr 1747, als Maria Theresia ein neues Amt einführte – den Hofmobilieninspektor. Er hatte für Inventar, Transport, Pflege zu sorgen, hatte Ankauf und Herstellung neuer Möbel zu überwachen. Was gerade nicht gebraucht wurde, brachte man ins Depot – und nahm mit, was immer man für ein neu einzurichtendes Appartement in der Hofburg oder auf Reisen vorgesehen hatte. Vor allem aber galt es, die nicht möblierten Sommerschlösser auszustatten. Den Winter verbrachten Ihre Majestät und danach Seine Majestät mit dem Hof und den unzähligen Bedienten in der Hofburg. Doch mit dem Ende des Frühlings begann die Zeit der Sommerséjours. Das kaiserliche Hoflager siedelte mit Sack und Pack nach Schönbrunn, Laxenburg, Schloss Hof.

Wenn man mit dem alten Ausdruck tatsächlich die gesamte bewegliche Habe meint, dann stimmt er hier nicht – denn übersiedeln musste nur, was im Haushalt in Gebrauch war. Aber das genügte für eine endlos lange Wagenreihe mit dem dazugehörenden Personal, mit Vorschneider, Tafeldecker, Mundkoch, Zehrgadner, Abwaschjunge, Silberdiener, Kuchlmensch, Leibtrabant, Lichtkammerträger … Der Hofkoch oder der Mundschenk hatten schon einen absolut feudalen Status erreicht, sie reisten in eigener Kalesche mit eigenem Personal. Und wenn es Herbst wurde, rollten die Wagenkolonnen wieder wienwärts. Das Hofmobiliendepot war nur eine der zuständigen Hofdienststellen, dazu kamen Hofsilber- und Tafelkammer, Hofküche,

Im Hofmobiliendepot

Zehrgaden – leicht zu erraten: die kaiserliche Speisekammer –, Hofzuckerbäckerei, Hofwäschekammer, Hoflichtkammer und der Hofkeller. Alle Tausenden und Abertausenden inventarisierten Kerzenleuchter und Backformen, Möbel und Bügelbretter mussten verwaltet werden und werden auch heute gehütet und verwaltet.

Der Hofkalender nennt sämtliche Hofämter und ihre Träger, er führt ab 1809 ein neues Amt an – den Hofmobiliendirektor. Er hatte es um eine Spur leichter – die Schlösser wurden möbliert, das Inventar nach S und L geordnet, S-chönbrunn und L-axenburg. Zwischen 1899 und 1901 wurde in der Mariahilfer Straße 88 ein imperiales Möbelhaus erbaut – die Transportkutschen im Parterre, Depot im ersten und zweiten Stockwerk, im dritten, mit dem besten Tageslicht, die Restaurierwerkstätten. Damit hatte man eine ideale Adresse zwischen Schönbrunn und der Hofburg.

Mit dem Jahr 1919 wurde aus dem kompletten Haus- und Hofrat, also Palaisrat, republikanischer Hausrat. Vielleicht hat man in diesen Tagen der Umwälzungen und politischen Wirren gar nicht mehr an den k. k. Möbelschatz gedacht, ihn einfach vergessen. Jedenfalls existierte er weiter, wurde behütet und abgestaubt. Spätestens 1920 ging auch hier die Monarchie zu Ende. Das nunmehrige Bundesmobiliendepot eröffnete seine »Bundessammlung alter Stilmöbel«, nach Stilrichtungen geordnet, Barock, Empire, Biedermeier, zum Wohl lernbegieriger Handwerkerlehrlinge. Der pointentreffsichere Alfred Polgar kommentierte in seinem Feuilleton *Kaiserliche Möbel*: »Jetzt haben die Leute vom Depot aus ihren Möbellagern eine richtige Ausstellung gemacht. Das ging ohne viel Mühe. Sie hängten eine Tafel hin: ›Es wird gebeten, die Gegenstände nicht zu berühren.‹ und schrieben auf die Türen ›Eingang‹ und ›Ausgang‹. Damit war im Wesentlichen die Verwandlung eines Magazins in eine Ausstellung vollzogen.« Und er beschreibt weiter: »Biedermeiers behagliche Grazie aber schlägt alles. Neun Zehntel der Möbel zeigen seine geschweifte Behaglichkeit. Getischlerte Musik geradezu, Schubert in Esche.«

Das heutige Möbel-Museum ist eine äußerst lebendige Einrichtung. Neben der ständigen Schausammlung gibt es Ausstellungen zu Themen von heute – über moderne Beleuchtung bis zu berühmten Designern. Zudem – das Museum ist nicht nur Museum, sondern nach wie vor auch Depot. Aus seinen Beständen werden Einrichtungsgegenstände für Österreichs diplomatische Vertretungen im Ausland geliefert, rote Teppiche für Staatsbesuche, Bilder für Ministerien.

Im Sinne von Herzmanovskys Tarockanien wurde die Verwaltung installiert. Diese liegt in der Hand der Bundesmobilienverwaltung, welche zum Bundesministerium für Wissenschaft, Forschung und Wirtschaft gehört. Der k. k. Doppeladler mit der

Hof-Inschrift über dem Einfahrtstor in der Mariahilfer Straße war der jungen Republik denn doch zu prächtig, als dass man ihn brutal abgeschossen hätte – der Adler wurde durch den republikanischen Kollegen mit einem einzelnen Kopf ersetzt, die Inschrift geändert.

Betrieben aber wird das Hofmobiliendepot, das auch auf den Namen Bundesmobiliendepot hört, von der Schönbrunn GesmbH, die wiederum der Bundesmobilienverwaltung untersteht. Die wissenschaftliche Leitung jedoch obliegt dem Ministerium.

Eine ganze Gruppe von Museen wartet seit dem Jahr 2001 auf ihre Besucher: das Museumsquartier, und es wartet nicht vergeblich. Alle, sehr verschiedene Institutionen, die hier eine prächtige Heimstatt an bester Adresse gefunden haben, sind außerordentlich gut besucht: Der Dschungel Wien – ein Theaterhaus für junges Publikum, dazu das ZOOM, für Kinder von acht Monaten bis zum 14. Lebensjahr, in dem allerdings Frühreife wie der Autor verloren gewesen wären – die wechseln in andere Bereiche dieses Bildungs- und Unterhaltungswunders, wie in das mumok, eines der größten Museen für moderne Kunst in Europa. Ferner die Kunsthalle Wien, in der die Stadt Wien ihre Sammlung zeitgenössischer Kunst zeigt, das Architekturzentrum Wien – ein Museum von internationalem Rang – und das Tanzquartier, in dem es um zeitgenössischen Tanz geht. Und schließlich in das Leopold Museum.

Das ist eine der wichtigsten Sammlungen österreichischer Kunst – Weltkunst. Hier sind die Secession zu Hause, die Wiener Werkstätte, der österreichische Expressionismus, mit Egon Schiele, Oskar Kokoschka, Gustav Klimt, und Alfred Kubin, Richard Gerstl, Albin Egger Lienz, aber auch Josef Hoffmann, Adolf Loos, Kolo Moser und Dagobert Peche. Das 19. Jahrhundert ist vertreten durch Ferdinand Georg Waldmüller, Friedrich Gauermann, Anton Romako, Emil Jakob Schindler und andere.

Das Museumsquartier beherbergte ursprünglich die kaiserlichen Hofstallungen, von 1713 bis 1725 errichtet. Baumeister war Fischer von Erlach – zuerst der Vater, Johann Bernhard, dann der Sohn, Joseph Emanuel. Der Bauherr, Kaiser Karl VI., hatte als Bauplatz ein Areal am Glacis, in nächster Nähe zur Hofburg, befohlen. Der neue Marstall sollte 200 Karossen und 600 Pferden dienen – und auch Raum bieten für Monturen, das alltägliche Zaumzeug, Pferdegeschirr für Anlässe aller Art, kurz für jede Art der Equipage. Dieser Ausdruck bedeutet nicht nur das Gefährt, es meint alles – den Wagen, die Anspannung, den Fahr- oder Reitkutscher, die Livree, die Rasse der Pferde. Mehr darüber kann man in einem anderen Bezirk erfahren, in der Wagenburg in Schönbrunn, im 13. Bezirk.

Die Hofstallungen wurden in Wien auch »Spanischer Stall« genannt, denn Karl VI. hatte niemals seinen Anspruch auf den Thron von Spanien aufgegeben und fühlte sich lebenslang auch als dessen König Karl III.

Auch andere Gebäude im 7. Bezirk standen nicht per Zufall in der Nähe der Hofburg, man bevorzugte solche Adressen. Das schönste hofaerarische Gebäude ist ohne Zweifel das Palais Trautson, Museumsstraße 7, im Gebiet der ehemaligen Vorstadt St. Ulrich. Nach der Zweiten Türkenbelagerung wurde auch hier gebaut – Barock als Ausdruck der Lebensfreude, des Sieges über eine jahrhundertelange schwere Bedrohung. Bauherr war Johann Leopold Donat von Trautson, der Erzieher des Kronprinzen Joseph. 1705 folgte Joseph seinem Vater Leopold I. auf den Thron und ernannte Trautson zum Obersthofmeister, 1711 erhob er ihn in den Stand eines Reichsfürsten. 1712 begann Baumeister Christian Oedtl nach Plänen des Barockstars Johann Bernhard Fischer von Erlach mit dem Palaisbau. Architekt und Bauherr waren gute Bekannte – auch Fischer war einer der Lehrer des Kronprinzen.

Auf Wien-Kenner wirkt die Fassade ungewöhnlich – kein Wunder, sie hat ein rares Vorbild. 1721 erschien der *Entwurff*

A. Die grösste Pyramide, worin 360000 Menschen 20 Jahr gearbeitet Plin. B. Die andere, welche etwas weniger im Umfange hat C. Die kleineste, in welche, wie in die andere gar kein Eingang ist D. Das überbliebene von dem Colossalischen Sphynx E. Dessen sonst vollkomne Gestalt. Auson:

A. La plus grande des Pyramides, qui a eté l'ouvrage de 360000 hommes pendant 20. Ans. Plin. B. La seconde, qui a un peu moins de circonference C. La plus petite, qui a nulle ouverture, comme la Seconde. D. Le reste du Sphynx Colossal. E. Le Sphynx dans sa forme entiere. Ausone.

Einer Historischen Architectur, eine Architekturweltgeschichte, zur Gänze Fischer Seniors Werk, das Ergebnis sechzehn Jahre langer Arbeit. Der Architekt war ein exzellenter Zeichner, dessen Bilder als Kupferstiche im *Entwurff* zu finden waren.

Je älter Fischer von Erlach wurde, desto mehr näherte er sich westeuropäischen Vorbildern – und stieß dabei auch auf das Amsterdamer Stadthaus, das später, 1808, zum Königsschloss wurde. Nach diesem Vorbild plante man das neue Palais Trautson. Fürst Trautson starb 1724, ein Jahr nach seinem genialen Palaisarchitekten. Dessen Sohn Joseph Emanuel hat das Grabmal für den Fürsten entworfen. Wer wissen möchte, was man sich unter Hochbarock vorzustellen hat, gehe dafür in die Michaelerkirche.

Das Palais Trautson stand ab 1760 im Besitz Maria Theresias, die es der eben gegründeten Ungarischen Adeligen Leibgarde

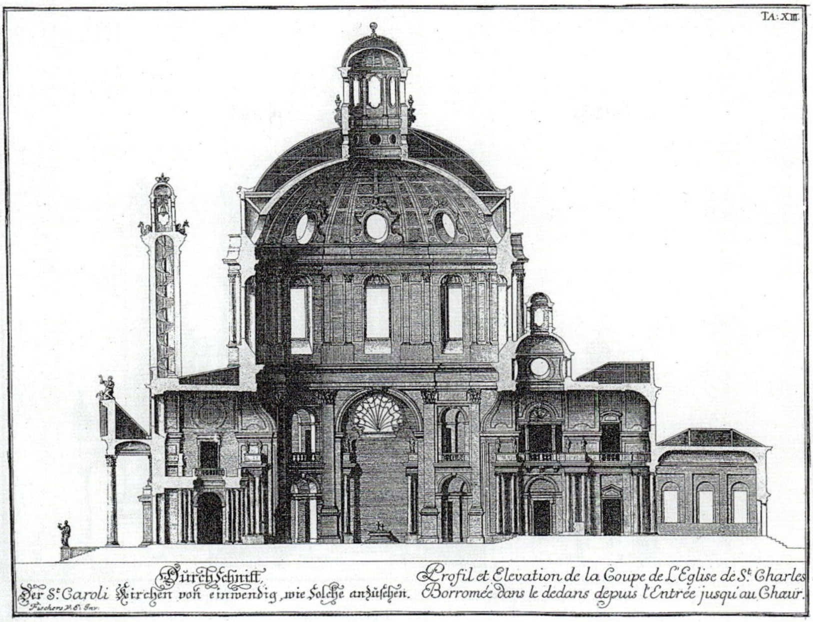

Aus Fischers Entwurff Einer Historischen Architectur:
die Pyramiden und der »Durchschnitt durch die Karlskirche«

übergab. Diese diente ihr für Kurierdienste und zur Repräsentation. Die ungarische Revolution führte 1848 zur Auflösung der Garde, die allerdings nach dem Ausgleich mit Ungarn 1867 wieder eingesetzt wurde; bis zum Ende der Monarchie war das Palais ihre Kaserne. Ihr letzter Kommandant – korrekt Gardekapitän – war Albert Graf Lonyay de Nagy-Lónya et Vásáros-Nameny, der Gardeoberleutnant war Anton Markgraf Pallavicini.

Das Schloss blieb im Besitz des ungarischen Staates, als Sitz des Collegium Hungaricum, des Kulturinstitutes. 1961 wurde es vom Staat Österreich angekauft, der gerade dabei war, abzureißen, was nur möglich war, und selbiges auch mit dem Palais Trautson vorhatte. Massive öffentliche Proteste haben den

Palais Trautson, davor die Ungarische Garde im Modell

Abbruch verhindert, seit 1966 ist hier der Sitz des Justizministeriums. Teilweise wurde der Abbruch aber schließlich doch vollzogen, schon bald nach 1966. Anstelle der historischen Stallungen Ecke Lerchenfelder Straße hat man eine architektonische Ärgerlichkeit ersten Ranges zwischen die beiden Palais gestellt.

Den vornehmen älteren Herren, den eleganten Reitern der königlich ungarischen Garde, benachbart waren die fast ebenso vornehmen Herren der k. u. k. Leibgardereiterescadron. In der Lerchenfelder Straße Nr. 1, gleich neben dem Palais Trautson, hatten sie ihre Kaserne. Offiziere und Gardisten waren allesamt Kavalleristen, für einige Jahre zum Hofdienst abgestellt.

Leibgardereitereskadron, Oberleutnant
Carl Prinz zu Windischgrätz

Die k. u. k. Leibgardeinfanteriekompanie war, wie der Name sagt, zu Fuß unterwegs, an die 300 Mann, für zwei bis drei Jahre von ihrer jeweiligen militärischen Einheit verborgt. Danach kehrte man wieder aus dem Hofburgglanz, aus der stets ersehnten Residenzstadt, zurück nach Iglau, Wels oder Olmütz, hatte man Glück, nach Prag, Riva oder Krakau.

Die Wiener sahen Einheiten dieser Burggendarmen, wie sie der Volksmund nannte, fast täglich auf ihrem Weg von der Hofburg in die Kaserne in der Karl-Schweighofer-Gasse.

Gleich ums Eck, Mariahilfer Straße 20, war eine weitere Garde zu Hause, die Trabanten. Sie hatten ihren Ursprung unter Kaiser Maximilian I., aber auch in anderen Ländern gab es Leibgarden für den Herrscher mit dieser Bezeichnung. Ihre Aufgabe war in erster Linie der Wachdienst in der Hofburg und in Schönbrunn.

Im Nachbarhaus Mariahilfer Straße 22 hatte der prominente Uniformschneider Tiller Geschäft und Werkstatt. Moritz Tiller war Hof- und Kammerlieferant, hatte Filialen in Triest, Graz, Lemberg, sogar in Belgrad.

Nr. 24 ist eine Kirche, die Stiftskirche, römisch-katholische Garnisonskirche von Wien. Sie wurde ab 1739 erbaut, ihr Turm steht erst seit 1772. Dieses Buch trägt sie als Titelbild, die zweite Kirche jedoch, die darauf zu sehen ist, gibt es nicht mehr. Wer mehr darüber wissen möchte, blättere im Kapitel Mariahilf zur Kirche St. Josef ob der Laimgrube.

Ein Burggendarm von Helmut Krauhs

Und wieso heißt die Stiftskirche so, wo ist hier ein Stift? Nirgends, wohl aber die Stiftskaserne. Der umfangreiche Gebäudekomplex hat seinen

März 1938. Die Mariahilfer Straße mit dem Tiller-Haus. Jubelnde Passanten, Hitler im Auto

Namen tatsächlich von einem Stift. Wie die biblische Geschichte der Welt beginnt auch diese Geschichte mit einem Chaos, nämlich Johann Konrad Richthausen Freiherrn von Chaos. Er verfügte in seinem Testament mittels Stiftung den Bau eines Hauses, in dem arme Waisenkinder einen frohen und gesunden Sommer verbringen konnten. Das war schön von ihm und wohl auch eine Form von Dankbarkeit gegenüber dem Schicksal. Denn der Herr von Richthausen, noch vor seiner Freiherrlichkeit, experimentierte, alchimisierte – und scheint Erfolg gehabt zu haben. Ob sich ihm tatsächlich, als Einzigem, das Geheimnis eröffnet hat, Gold zu machen …? Man glaubte ihm jedenfalls, er stand im Geruch großen Reichtums. Der Staat brauchte ständig Geld, und ein Goldmacher wäre die Idealbesetzung für einen Finanzminister, gestern wie heute. Richthausen wurde Obersterbmünzmeister von Österreich, wurde noch reicher und schließlich geadelt. Den Namen »von Chaos« hatte er sich selbst gewünscht.

Die Türkenbelagerung hat auch dieses Waisenhaus nicht verschont, aber 1687 war es wieder instandgesetzt und vergrößert. Im 18. Jahrhundert übergab die Chaos'sche Stiftung einen Teil des Gebäudes dem Staat, der eine Ingenieurschule darin einrichtete. 1746 wurde abermals gestiftet, diesmal von Herzogin Maria Theresia von Savoyen-Carignan. Sie schuf mit ihrem Geld die Savoyische Adelige Akademie, ein ausladendes Wappen ihres Hauses schmückt das Tor Stiftgasse 2.

Maria Theresia von Österreich vereinigte 1776 dieses Institut mit ihrer Theresianischen Akademie. An der Ecke Siebensterngasse wurde für die Akademieschüler eine Reitschule errichtet, Vorläufer der Turnhalle, die in der Ersten Republik für einen Tag

Stiftskaserne, über dem Tor das Wappen der Herzöge von Savoyen-Carignan

25. Juli 1934. Vor dem Bundeskanzleramt – die Putschisten verteilen ihre Waffen.

einem höchst unerfreulichen Zweck diente. Von hier aus brachen die als Bundesheersoldaten und Polizisten verkleideten Nazitruppen zum Umsturzversuch des 25. Juli 1934 auf, der ja misslungen ist. Doch vier Jahre später wurde die Siebensterngasse zur Erinnerung an die erfolglosen Putschisten umbenannt – in »Straße der Julikämpfer«.

Hitler hatte versprochen, der Perle Wien eine entsprechende Fassung zu geben. Als nun diese Fassung eine etwas andere Form als vorgesehen gewann, versuchte man die fassungslose Stadt vor den drohenden Änderungen zu schützen und errichtete ab September 1942 mehrere Flaktürme, zwei im Augarten, zwei im Arenbergpark und jeweils einen im Esterházypark und im Hof der Stiftskaserne. Letzterer untersteht heute der Heeresgebäudeverwaltung; im Gegensatz zu den anderen Flaktürmen schützt ihn die militärische Geheimhaltung vor der neugierigen

Öffentlichkeit – denn er hat im Notfall die Aufgabe, die oberste Staatsführung zu beschützen.

Die Stiftskaserne hatte einst verschiedene militärische Aufgaben, in den letzten Jahren Österreich-Ungarns waren hier das Kriegsarchiv und mehrere Truppenteile untergebracht. Auch in der Gegenwart ist hier das Militär zu Hause: die Landesverteidigungsakademie und die Militärbibliothek.

Noch zwei Gedanken zu Krieg und Frieden – zuerst der friedliche. Die nahe Gardegasse verdankt ihren Namen der Nachbarschaft zur Ungarischen Garde im Palais Trautson. Und Krieg? Auch wenn er weit mehr als 300 Jahre zurückliegt, die Erinnerungen an den ewig langen Türkenkrieg sind allgegenwärtig. Die zügig in die Innenstadt führende Burggasse wird jäh unterbrochen, weil zur Rechten ein auffälliges, unwienerisches Gebäude den Blick auf sich zieht, Nr. 35, eine private Volksschule. 1889 haben die Klosterfrauen des Ordens Notre Dame de Sion diese Schule gegründet und aus Paris auch gleich ihren Architekten mitgebracht.

Zur linken Seite, rund um die Ulrichskirche, tobte 1683 der Kampf um Wien. Im Kirchturm wurde ein Geschützstand eingerichtet, das Pulvermagazin im Kirchenraum untergebracht. Die Stelle bot ideale Bedingungen für den Beschuss der Burgbastei und des Burgravellin, schließlich führte ja die alte Straße geradewegs in die Hofburg. Am 14. Juli war die Stadt eingeschlossen, schnell eine Batterie nach St. Ulrich gebracht, eine Reihe parallel stehender und schießender Kanonen.

Der Vorteil dieser Position war den Türken längst bekannt. 1682 hatte der Anführer der rebellischen Ungarn Imre Thököly mit Kaiser Leopold I. in Wien verhandelt, zu seiner Gruppe gehörte ein abtrünniger Kapuziner, der sich nunmehr als Türke fühlte und sich Achmed Bey nannte. Er nutzte die Wiener Tage zur Erlangung genauer Ortskenntnis. Die Osmanen hatten zwar 1664 einen Nichtangriffsvertrag unterzeichnet, der 20 Jahre halten sollte, aber was war eine Abmachung mit Giauren schon

Ulrichskirche, Franz Kopallik, 1917

wert? Andererseits machte es ihnen nichts aus, sich von Ungläubigen beraten und unterstützen zu lassen, die Ludwig XIV. geschickt hatte, Habsburgs unermüdlicher Gegner. Auch ungarische christliche Adelige standen dem Sultan zur Seite oder trugen zumindest nicht zu Wiens Verteidigung bei. Manche von ihnen handelten sich freilich damit großen Ärger ein – wie der Primas von Ungarn, der Erzbischof von Gran. Sein Wiener Kollege Erzbischof Leopold Kollonitsch nahm ihm ein Vermögen ab, das zur Kriegsführung verwendet wurde, er ließ 600 000 Gulden beschlagnahmen.

Die habsburgfeindliche Haltung vieler Ungarn hatte ihre Ursache in der heftigen Gegenreformation, die überall in Österreich schwere Folgen hatte. Auch in St. Ulrich wurden bis 1614 Messen im Sinne der Lutherreform gehalten. In weiten Teilen Ungarns hatte Luthers Lehre Fuß gefasst, das Hauptaltarbild der Ulrichskirche mag davon beeinflusst sein. Paul Troger hat es geschaffen, zwar lange nach dem Beginn der Gegenreformation, doch ganz in deren Sinn. Es zeigt die Schlacht am Lechfeld vor Augsburg, in der im August 955 die Ungarn geschlagen wurden, womit ihre Einfälle und Plündertouren im Reich nach Jahrzehnten beendet waren. Der Patron von St. Ulrich war Bischof von Augsburg, er hatte entscheidenden Anteil an diesem Sieg.

Die Fassade der Kirche ist die obere Begrenzung des kleinen Ulrichsplatzes. Der Charme dieses alten Dorfzentrums bringt immer wieder Regisseure und Drehbuchautoren auf Ideen für Filmaufnahmen und TV-Produktionen. Wenige Schritte aufwärts durch die Neustiftgasse steht man vor einer weiteren Erinnerung an Wien 1683. Eine Gedenktafel am Augustinplatz behauptet, hier sei das Prunkzelt Kara Mustafas gestanden. Das jedoch ist eine uralte und urfalsche, stets weiter überlieferte Behauptung. Die Zeltstadt des Großwesirs stand auf der Schmelz. Dieses Prachtzelt hatte offenbar die seltene Fähigkeit, zur selben Zeit an verschiedenen Stellen zu stehen, auch im 8. Bezirk, von ihm hat die Zeltgasse ihren Namen.

Der kleine Platz aber hat seinen Namen nämlich vom lieben Augustin und seinem Denkmalbrunnen. Hier soll er in eine Pestgrube gefallen sein, das muss ihm mehrmals widerfahren sein, denn die Geschichte lebt auch in anderen Bezirken.

Auch die Altlerchenfelder Kirche steht in bemerkenswert intakter Umgebung: an der einen Seite die so verkehrsreiche Lerchenfelder Straße, gequert von der Schottenfeldgasse. An zwei Seiten die stille Mentergasse, auf Nr. 11 der Pfarrhof, Nr. 13 war das Palais von Erich Graf Salm.

Die Kirche ist zwar im September 1861 geweiht worden, doch ihr Patrozinium führt tief in die Barockzeit – nicht einer Heiligengestalt hat man damals gerne das Patronat anvertraut, sondern wie hier den »Sieben Zufluchten«, die in der Not angerufen wurden.

Das Hofbauamt stand seit 1842 unter der Leitung von Paul Sprenger, einem Architekten mit Ideen, die weit in die Zukunft, ja in unsere Gegenwart führen. Er vermied in seiner Arbeit alles, was die Konstruktion durch Schmuck und Schnörkel verstecken könnte, er war für äußerste Zweckmäßigkeit der Planung und Ausführung seiner Bauten. Die Ringstraße musste er nicht mehr erleben, er starb 1854 an der Cholera. Sprenger hatte für die neue Kirche Vorschläge gemacht, die jedoch nicht akzeptiert wurden. Im Februar 1848 gab der Kaiser, das war noch Ferdinand I., dem abgeänderten Projekt seine Zustimmung. Wenige Tage später brach die Revolution aus, die zu vielfältigen, teilweise schrecklichen Folgen führte. Eine der harmlosen war die Gründung des Österreichischen Ingenieur- und Architektenvereins, der sich alsbald gegen die strengen Vorschriften des sparsamen Hofbaurats wandte. Der Kirchenbau wurde ausgeschrieben, Johann Georg Müller war der Preisträger und erhielt den Auftrag. Doch noch vor Baubeginn starb der Architekt mit erst 27 Jahren an Tuberkulose.

1853 stand der Rohbau, der weitgehend Müllers Plänen entsprach. Die Innengestaltung wurde Eduard van der Nüll und

Joseph von Führich übertragen. Dieser war der Malerbewegung der Nazarener verbunden und befasste sich fast ausschließlich mit religiösen Themen. Van der Nüll war noch weit vom Großauftrag Hofoper entfernt, den er mit seinem Partner August Sicard von Sicardsburg ab 1861 ausführte. Prominente Künstler wurden zur Mitarbeit herangezogen, wie Karl von Blaas, Leopold Kupelwieser und Carl Geyling.

Mit dem Bau der Orgel beauftragte man einen Tiroler aus der Wildschönau, der seit 1855 in Atzgersdorf bei Wien lebte. Alois Hörbiger hatte einen guten Ruf, die Orgel der Grinzinger Pfarrkirche hatte er umgebaut und erweitert, und nun ging er an sein bedeutendstes Werk. In den Wiener Jahren erfand er das Harmonikon, eine Kombination von Orgel und Harmonium, mit dem er auf der Pariser Weltausstellung 1855 Aufsehen erregte. Im Jänner 1860 präsentierte Hörbiger seine Orgel in Wien und erhielt viel Lob. Im November desselben Jahres wurde Alois Hörbiger Großvater. Seine Tochter Amalie hatte den Sohn eines Mannes zur Welt gebracht, der für die väterlichen Orgeln Figuren schnitzte. Aber von dem selbst erzeugten Knaben wollte dieser nichts wissen und floh nach Paris. Hanns wurde Techniker, machte viele Erfindungen, erwarb an die einhundert Patente und wurde zum Stammvater der Theaterfamilie Hörbiger.

An Altlerchenfeld grenzt der Bezirksteil Schottenfeld, der Name kommt von den Benediktinern auf der Freyung, von jeher Schotten genannt, wiewohl das nie gestimmt hat. Sie hatten seit 1629 großen Landbesitz, den sie im frühen 18. Jahrhundert parzellierten und verkauften. So entstand auch der Seidengrund, der noch einen zweiten Namen hat, einen ebenso geschichtsträchtigen – Brillantengrund. Zu den reichen Seidenherstellern gehörte auch jener Franz Menter, nach dem die Gasse neben der Kirche »Zu den sieben Zufluchten« benannt ist. Auch der Namenspatron der nahen Bernardgasse, die von besonders intakter Schönheit ist, war ein Seidenbaron.

Den Spuren der Seidenfabrikanten sind wir schon in anderen

Stoffmusterbuch um 1800, Rollet-Museum Baden

Bezirken gefolgt und haben bei dieser Gelegenheit den Dichter Gotthold Ephraim Lessing getroffen. Seine spätere Ehefrau, die Witwe Eva König, hatte mit dem Erbe ihres Mannes in Wien große Probleme. Eine Tapeten- und eine Seidenmanufaktur sollten verkauft werden, oder doch nicht, oder doch? Mehr über diese Probleme findet sich im Kapitel Margareten.

Die beiden Fabriken hat ein Hamburger übernommen, der 1768 nach Wien kam und hier die allererste Seidenfabrik einrichtete, Cornelius Christian Gottlieb Hornbostel. Sein Sohn Christian Georg erbte und baute aus – mit neuer Technik konnte er sich gegen die machtvolle italienische Konkurrenz durchsetzen. Diese war in der Lombardei eine Stütze der Wirtschaft – wohlgemerkt der inländischen, dort regierte Habsburg bis 1859.

Doch auch in Wien stieg der Konkurrenzdruck. 1816 verlegte

Hornbostel einen Teil seiner Produktion nach Leobersdorf in Niederösterreich. Zu dieser Zeit hatte die Seidenherstellung ihren Höhepunkt erreicht. In Wien waren 1813 6000 Gesellen, 800 bis 900 Lehrlinge, 7000 bis 8000 Arbeiterinnen beschäftigt.

Selbst dieses Gebiet der Wirtschaft stand unter dem Einfluss von Frankreich, wo seit Jahrzehnten Europas Auf und Ab seine Quelle hatte. Mit der Französischen Revolution war die Industrie Frankreichs geschwächt, aus Lyon kamen arbeitslose Seidenfachkräfte nach Österreich. Aber die endlosen Kriege gegen Napoleon führten 1811 zum Staatsbankrott und zur Geldentwertung, die Expansion war unterbrochen. Erstaunlich schnell erholte sich der Seidensektor wieder, Wien stand schließlich in direkter Konkurrenz zu Lyon. Dort wurde die Produktion durch die Mode und die Modesalons beeinflusst und blieb Marktführer. Wien aber hatte auf dem Gebiet schwerer broschierter Stoffe, der Crêpe de Chine, der Crêpe de Chiffon, des Organza, die Oberhand.

Das Haus-, Hof- und Staatsarchiv hütet neben Abertausenden anderer Dokumente eines, welches »die edle Fürsorge Kaiser Josephs II. für das industrielle Interesse seines Volkes zu Tage treten lässt«. Franz Bujatti, selbst sehr erfolgreicher Seidenfabrikant, hat 1893 seine *Geschichte der Seiden-Industrie Österreichs* veröffentlicht: »Der erhabene Monarch brachte nämlich von seiner Reise nach Paris im Jahre 1777, wo er seine Schwester Antoinette (die Königin von Frankreich) besucht hatte, ein kleines Muster französischen Seidensammtes, das, in vier Farben durch den alten Zugstuhl producirt, auf grünlich-weißem Grunde ein sehr niedliches bordenartiges Dessin darstellt …« Dem Stoffmuster beigegeben wurde eine exakte Erklärung der Produktionsweise: »Dem Vernehmen nach soll Webstuhl und Muster durch genaue Nachahmung Nutzen gestiftet haben.«

Nach und nach wanderten viele Manufakturen von Wien ab, nach Niederösterreich, wo Hornbostel im Triestingtal günstigere Bedingungen vorfand, nach Mährisch Schönberg wie Franz

Bujatti, in die Bucklige Welt wie die Textilfabrikation Adensamer.

Von dieser goldenen Periode der Seidenherstellung und Seidenverarbeitung hat die Seidengasse ihren Namen, aber auch in der sie querenden Zieglergasse erinnert vieles an sie. Im Stiegenhaus von Nr. 8 würdigt eine Gedenktafel den Hofseidenfabrikanten Franz Bujatti, auf Nr. 31 war die Seidenbandfabrik Halbwachs zu Hause, auf Nr. 33 Josef Stöger, der »französische Modebänder« erzeugte.

Eine andere Adresse in der Zieglergasse führt den Beweis, dass das Sprichwort vom »Handwerk mit dem goldenen Boden« auch heute recht hat. 1847 von Carl Vaugoin gegründet, hat sich diese Silberschmiede vom ersten Jahr an der Erzeugung von schwerem Tafelgerät gewidmet. 1901 trat die Familie in eine Partnerschaft mit dem polnischen Unternehmer Ladislaus Jarosinski ein, einem Spezialisten für Tafelbesteck. Europas Königshäuser bestellten in der Zieglergasse 24, auf Weltausstellungen

Das Salzfass von Benvenuto Cellini.
Kopie der Firma Jarosinski & Vaugoin

wurden die Produkte von Jarosinski und Vaugoin präsentiert. Der Erfolg bleibt dem Traditionshaus auch im 21. Jahrhundert treu. Jetzt werden Österreichs Botschaften ausgestattet, arabische Königshäuser und malayische Sultanate beliefert.

Im Nebenhaus, auf Nr. 22, kann man an jedem Mittwochnachmittag das Museum der Gold- und Silberschmiede besuchen. Man verlässt es und hat nicht nur eine historische Silberschmiede kennengelernt, sondern ist auch zum Thema Diamanten und andere Edelsteine gescheiter geworden.

Die Zieglergasse entlang bis zur Kirche St. Laurenz – und man steht in der Westbahnstraße. Dann ist man gleich im nächsten Museum in diesem so museumsreichen Bezirk – WestLicht widmet sich der Gegenwart und Geschichte der Fotografie, Westbahnstraße 40.

Das Haus Nr. 36 trägt eine Gedenktafel für Gustav Klimt, der hier von 1898 bis zu seinem Tod 1918 gewohnt hat. In der Westbahnstraße 2–4 ist Carl Michael Ziehrer zur Welt gekommen, freilich im Vorgängerbau.

Auf Nr. 7 gibt es keine Gedenktafel und auch nicht mehr die alte Tapezierewerkstatt. Hier erlernte der Dramatiker Fritz Hochwälder bei seinem Vater dessen Handwerk. Zehn Jahre war er in diesem Haus am Werk – die glücklichsten seines Lebens, wie er selbst gesagt hat. Er war ein stolzer Handwerker und er hat seine erste literarische Arbeit, eine sozialkritische Skizze, mit »Fritz Hochwälder, Lehrling« unterfertigt. Da war er 17 Jahre alt – mit 27 musste er aus Österreich flüchten und blieb in der Schweiz, in Zürich. Als er nach vielen Jahren wieder nach Wien kam, ging er in das Haus Westbahnstraße 7 und sah im Hof das Tapeziererwägelchen wieder, das er 1938 an ebendieser Stelle abgestellt hatte. Sonst war freilich alles anders. Nun spielte das Burgtheater seine Stücke. Aus dem Lehrling war einer der erfolgreichsten Theaterschriftsteller Europas geworden, alleine sein Stück *Das heilige Experiment*, 1952 zum ersten Mal in Paris in Szene gesetzt, wurde mehr als 400 Mal gespielt. Es hat viele

Jahre später Hollywood zu dem Film *Mission*, mit Robert de Niro, Jeremy Irons und Liam Neeson, angeregt. Zu seinem 75. Geburtstag haben die Wiener Tapezierer dem ungewöhnlichen Kollegen die Ehrenmitgliedschaft verliehen.

Die Westbahnstraße trifft auf die Neubaugasse, mit mehreren interessanten Häusern. Da ist Nr. 15 – ein »Dreilauferhaus«! Allerdings gibt der Gründerzeitbau den früheren Hausnamen nicht zu erkennen.

Interessant wäre es, mehr über das Geschichtsverständnis des Hausherrn von Nr. 16 zu wissen, dem Haus »Zu den neun Kurfürsten«. Spätestens mit dem Ende des Heiligen Römischen Reichs war Kurfürst allenfalls ein nostalgischer Titel, mit dem eventuell ein hochadeliger Enkel auf seinen Opa aufmerksam machen konnte. Die Funktion gab es nicht mehr, zum letzten Mal ausgeübt 1792. Der Hauserbauer hat sich diese neun Kurfürsten im Trab auf die Fassade setzen lassen – vier von rechts, vier von links, einer in der Mitte, sein Pferd in der Levade.

Nach dem Seidengrund stößt der Flaneur hier auf einen weiteren Stadtteil mit großer Vergangenheit – das alte Filmviertel.

Nach dem Ersten Weltkrieg setzte in Österreich, das 1918 dringend jede positive Nachricht brauchen konnte, die Blüte des Stummfilms ein. Graf Alexander Kolowrat-Krakowsky hatte mit dem ererbten Vermögen begonnen, Filme zu produzieren. Er war in den USA zur Welt gekommen, aus einem sehr altösterreichischen Grund: Sein Vater Graf Leopold Kolowrat war zwar aus einem Duell erfolgreich heimgekehrt, musste aber auf der Stelle packen und für längere Zeit verreisen, der Duellgegner, ein Prinz Auersperg, war tot auf dem Platz geblieben. In solchen Fällen war es Gesellschaftsbrauch, für einige Jahre ins Ausland zu gehen.

Der Sohn wurde allgemein nur Sascha Kolowrat genannt und so nannte er auch seine Firma – Sascha-Film. Sie war zu Beginn im Familienschloss Pfraumberg untergebracht, Kolowrat übersiedelte nach Wien und begann mit eigenen Produktionen. Zwar hatte er Ateliers und Büros in anderen Bezirken und nicht am Neubau, aber er war ein starker Katalysator. Andere Filmbegeisterte folgten seinem Beispiel, die Neubaugasse wurde zum Stummfilmzentrum. Später folgte auch die Sascha-Film in diese Gegend und hatte ihren Firmensitz in der Siebensterngasse. Der Boom der Nachkriegsjahre hielt an bis 1923, es gab kaum ein Haus ohne einen Bezug zum Film – von Neubaugasse 1, dem Sitz der Vita Filmindustrie AG, bis zu den Häusern mit hohen Nummern und in den Seitengassen. Auf Nr. 3. war Zdenko Kestranek zu Hause, eine Theaterlegende. Er war ein hervorragender Sprech- und Atemlehrer und wurde auch von Filmgrößen besucht und um Rat und Unterricht gebeten, die längst schon Karriere gemacht hatten, wie Fred Liewehr oder Luise Ullrich.

Der wirtschaftliche Einbruch Mitte der 20er-Jahre war von der Filmwirtschaft bald überwunden. Büros, kleine Studios, Filmbuchhandlungen siedelten sich im Filmviertel an. Mehrere Kaffeehäuser dienten hoffnungsfrohen Schauspielern, die Agenten oder Regisseure treffen wollten, wie das Café Filmhof oder das Café Neubauhof. Das nahe Restaurant Schöner, ein ungemein beliebtes Ziel der Gesellschaft, nicht nur der Filmwelt, besaß im Garten ein kleines Kino, in den Stockwerken des spätbarocken Hauses hatten Filmfirmen ihren Sitz. In den 90er-Jahren ist »das Schöner« dem 7Stern Bräu gewichen.

Selbst nach dem Ende der großen Ära des Filmviertels gab es in der Neubaugasse den Sitz der Schönbrunnfilm, der Paula Wessely-Film. Im Café Elsahof sah man Tag für Tag an seinem Stammtisch den früheren Major Carl Szokoll, der sich dem Widerstand angeschlossen hatte und mit der »Operation Radetzky« um die kampflose Übergabe Wiens an die Rote Armee bemüht gewesen war. Nach dem Krieg wechselte Szokoll zum Film, wurde Produktionsleiter bei der Schönbrunn-Film und der Cosmopol-Film, gründete seine eigene Firma Neue Delta und blieb dem neuen Beruf und der Neubaugasse treu.

In der Mitte der so lebendigen Straße steht das Renaissancetheater, dessen Geschichte eng mit der des österreichischen Films verbunden ist. Ab der Eröffnung im Dezember 1912 diente es verschiedenen Truppen mit wechselndem Erfolg, ab 1920 wandelte es sich zum wirklichen Erfolg. Im Renaissancetheater traten Hans Moser und Alfred Neugebauer auf, die gerade am Beginn ihrer Karriere standen, aber auch Gisela Werbezirk und Ida Roland, die sich schon einen Namen gemacht hatten. 1925 übernahm der erfahrene Josef Jarno die Direktion und hatte sie bis zu seinem Tod 1932 inne. Er war zur selben Zeit Direktor mehrerer Wiener Theater, mit einem Star verheiratet – Hansi Niese. Nach Jarnos Tod blieb das Theater lange geschlossen, nach dem Zweiten Weltkrieg waren finanzielle Probleme der Grund für mehrfachen Direktionswechsel. Trotz erstklassiger Mitwirkender, wie den Schauspielern Wolf Albach-Retty oder Oskar Karlweis, dem Bühnenbildner Gustav Manker, war das Theater bald überschuldet und wurde 1949 von Paul Löwinger übernommen.

Damit begann die Ära der Löwinger-Bühne, die Weiterführung einer Tradition, deren Anfänge um 1760 liegen. 1957 übernahm das Theater der Jugend einen Teil der Spieltage, 1970 auch die Direktion und bespielt das nun wieder Renaissancetheater genannte Haus bis heute.

Paul Löwinger ließ sich von der Filmatmosphäre rund um sein Theater anstecken und gründete 1964 seine eigene Filmproduktion, die Lisa-Film. Den Namen bekam sie von Löwingers Ehefrau Elisabeth.

Die Erneuerung des Genres Heimatfilm kam aber nicht in Schwung, weshalb Löwinger den jungen Karl Spiehs zu seinem Partner machte, was eine gute Entscheidung war, denn nun begann die Firma zu florieren. Zwar gab es auch weiterhin Heimatfilme im weitesten Sinn, aber sie hießen nun *Mache alles mit*, *Geh zieh dein Dirndl aus* oder *Dornwittchen und Schneeröschen, mal mit, mal ohne Höschen*.

Wer sich über die große Zeit des Filmviertels am Neubau informieren wollte, hatte dazu im Herbst 2014 die beste Gelegenheit – 30 Geschäfte lebten ihre nostalgischen Sehnsüchte aus und dekorierten ihre Auslagen mit Plakaten, Fotos und Vorführgeräten.

Der Film lebt am Neubau heute vor allem in Geschichte und Erinnerung, das Theater hingegen ist durchaus lebendig. Neben dem Theater der Jugend spielen hier noch mehrere kleinere Theater, zumeist nicht regelmäßig, und vor allem das große Volkstheater. Seit seiner Gründung 1889 ist es ein Haus mit wechselndem Glück, zeitweise sehr erfolgreich, dann wieder von allen guten Theatergeistern verlassen.

Die Liste der Uraufführungen an diesem Haus ist eindrucksvoll. Stücke von Anzengruber, Schönherr, Bahr, Wildgans finden sich auf ihr. Arthur Schnitzler war zeitweise geradezu ein Hausautor: 1909 *Komtesse Mitzi*, 1910 *Anatol*, 1920 *Reigen*, 1929 *Im Spiel der Sommerlüfte* und andere.

Zu den Direktoren, denen das Glück gelacht hat, zählte einige Jahre lang Alfred Bernau, bis er im sechsten Direktionsjahr in große wirtschaftliche Probleme geriet und unter unschönen Umständen entlassen wurde. Ihm folgte Rudolf Beer, der das schon erreichte Niveau weiter steigern konnte und eine gute Hand für junge Hoffnungen hatte. In seiner Direktion wurden Volkstheater und Raimund Theater für einige Jahre fusioniert. Zu Beers Ensemble gehörten unter anderen Paula Wessely, Tilla Durieux, Luise Ullrich, Hansi Niese, Hans Albers, also durchwegs Bühnenkünstler auf erfolgreichem Weg auch im Film.

Dr. Rudolf Beer richtete eine Bühnenschule ein, auch das ein kluger Schritt, und holte schon Arrivierte an sein Haus – Max Pallenberg für den Schwejk und den Liliom, Emil Jannings für *Fuhrmann Henschel* von Gerhart Hauptmann. Die vielen Berliner Stars führten zu Neid und Anfeindungen in Wien, Beer trat 1932 von der Direktion zurück. Sein von ihm selbst empfohlener Nachfolger, Rolf Jahn, keine längere Erwähnung wert, versuchte

Denkmal für Rudolf Beer
neben dem Volkstheater

nicht, das hohe Niveau zu halten, sondern setzte auf seichte Unterhaltung. Und er reagierte auf die Ereignisse im März 1938 in derart schnell vorauseilendem Gehorsam, dass es ungewöhnlich war. Am 12. März wurden alle jüdischen Ensemblemitglieder entlassen. Innerhalb von Stunden wurde neu geplant, die *Wiener Zeitung* vom 24. März 1938 berichtet: »Das unter Rolf Jahns Leitung stehende Deutsche Volkstheater plant eine ›Wilhelm Tell‹-Aufführung, die als Bekenntnis zum großen Deutschen Reich stehen soll.« Der Bericht schließt: »Es ist zu hoffen, daß das Wiener Theater nach seiner Säuberung von undeutschen Menschen seine Aufgabe als Stätte geistiger Kraftentfaltung wieder erfüllen wird.«

Jahns Hoffnung, sich mit dieser Haltung in die großdeutsche Zukunft zu retten, erfüllte sich nicht. Er war sogar den neuen Herren zu liebedienerisch, noch im selben Jahr folgte ihm Walter Bruno Iltz, der vorher als Generalintendant in Düsseldorf war. Dort hatte er schon 1932 mit dem Kampfbund für deutsche Kultur Schwierigkeiten gehabt. Sein Oberspielleiter Leopold Lindtberg war Jude, ebenso der Dirigent Jascha Horenstein, der Schauspieler Leon Askin. Aber Iltz ließ sich nicht einschüchtern und bewies auch in Wien Charakter. Er war, hat der spätere Volkstheaterdirektor Gustav Manker über ihn gesagt, »kein Nazi, sondern ein toller Bursch«. Mankers Sohn Paulus hat sich mit großem Aufwand um die Rekonstruktion dieses Lebens eines Mutigen bemüht und ihm ein Buch gewidmet.

In den Tagen des »Anschlusses« besuchte Rudolf Beer eine Vorstellung im Theater in der Josefstadt, Calderons *Richter von Zalamea*. Während der Vorstellung wurde er von Robert Valberg, dem interimistischen Leiter der Josefstadt, und Erik Frey, seit Jahren schon illegaler Nazi, aus dem Zuschauerraum geholt und einer Gruppe übergeben, die mit ihm auf die Höhenstraße fuhr, ihn furchtbar verprügelte und aus dem Auto warf. Rudolf Beer nahm sich am 9. Mai 1938 in seiner Wiener Wohnung das Leben.

Valberg bereitete sich in diesen Tagen auf seine Rolle im *Wilhelm Tell* als Gessler vor. Der anständige, aber nicht dumme Iltz gab ihm, der zum Wiener Sous-Chef der Reichstheaterkammer wurde, den »alten Moor« in den *Räubern*, in seiner Eröffnungsvorstellung im September 1938.

Das Volkstheater, nach 1945 von dem schmückenden Beiwort »Deutsches« befreit, bekam später zwei geniale Direktoren, die mit großem Mut, aber auch mit Geschmack und Können, dem Theater eine lange gute Zeit bereiteten, Leon Epp und Gustav Manker.

17 Jahre lang war Emmy Werner eine erfolgreiche Direktorin, als erste Frau in Wien mit der Leitung eines großen Theaters betraut. Noch ein Wort zur NS-Zeit: Angesichts der Jahre der Direktion Iltz und deren nicht regimefreundlicher Haltung war das Bemühen, im Jahr 2005 das sogenannte »Führerzimmer« zu beseitigen, weil es »ein grauenvolles Denkmal« sei, wenig sinnvoll, aber kostspielig. Der »Führer« hat diesen Raum wie das ganze Theater niemals betreten.

Rund um das Volkstheater ist noch viel zu erzählen. Gegenüber wartet das Café Raimund seit der Gründerzeit auf seine Gäste, darunter sind viele Stammgäste, Theaterbesucher, Ensemblemitglieder. Links in einer großen Ecke gab es lange Jahre einen in ganz Wien bekannten Stammtisch – hier lag das Hauptquartier von Hans Weigel. Er wohnte nahe, hatte zuerst das Café gewählt und dann seine Mentorenfunktion auszuüben begonnen. Als junger Schauspieler aus dem Haus gegenüber sich ungebeten und nicht eingeladen an diesen Tisch zu setzen, war undenkbar. So hörte ich in meiner Anfangszeit konzentriert von einem Nebentisch zu und hoffte auf die Zukunft.

Die meisten jungen Leute aus der großen Weigel-Runde kannten wir nicht, noch nicht. Bald aber machten viele von ihnen einen guten Weg, erwarben sich einen Namen – Herbert Eisenreich, Friederike Mayröcker, Otto Grünmandl, Ilse Aichinger, Milo Dor, H. C. Artmann, Gerhard Fritsch …

Ich bin später immer wieder an Hans Weigels Tisch gesessen, und nicht nur in Wien, auch in Salzburg, in Klagenfurt, im ORF. Er war mit Elfriede Ott allsommerlicher Mitwirkender beim Fest in Hellbrunn, ab 1982 meinem Fest in Hellbrunn. Ich bekam von Weigel Beiträge für meine Theaterprogrammhefte, dramaturgische Ratschläge, Denkhilfen. Und ich konnte sehr viel mit ihm lachen.

In Reiseführern sind manchmal skurrile Geheimtipps zu finden. So gibt es den »Friedhof der Namenlosen« angeblich nur in Wien mit seiner berühmten Todessehnsucht und Todesverherrlichung. Von Hamburg, Venedig und vielen anderen Städten, die über eine ebensolche Einrichtung verfügen, ist nicht die Rede. Das kleinste Haus von Wien gegenüber dem Volkstheater mag zwar tatsächlich das kleinste Haus von Wien sein, ist aber alles nur kein Geheimtipp. Jedenfalls beherbergt es eine interessante Uhrmachermanufaktur, deren Schätze man auf 14 m² bewundern kann. Allerdings hat das kleine Haus schon seinen Nachbarn gefressen, »Zum weißen Hirschen«, so haben die schönen Uhren mehr Platz. Und wer das alles nicht glaubt, zahlt zwar keinen Taler, sollte aber die fahnenumkränzte Tafel über dem Eingang lesen.

Direkt hinter dem Theater in der Museumsstraße finden zumeist ältere Kinofreunde das seltene Vergnügen uralter Filme – die zwar auch hin und wieder im Fernsehen gezeigt werden, aber ein Kino ist eben ein Kino, dieses ist das Bellaria-Kino.

Bevor wir in den nächsten Bezirk wechseln, müssen noch zwei Museen empfohlen werden. Das erste ist eigentlich kein Museum, sondern eine Unterwassertierschau in einem Weltkriegsbunker – das Haus des Meeres. In der Mechitaristengasse wartet das Museum der Mönche des Mechitar von Sebaste sowohl seit 1811 als auch seit Beginn dieses Kapitels. Zum Museumsbesuch muss man sich anmelden.

Wien VIII

Josefstadt

Gegründet: 1861
Fläche: 1,09 km²
Bezirksmuseum: Schmidgasse 18

Rofrano! Rofrano!« Im Rosenkavalier, 2. Akt, dringt dieser Name laut von der Straße in Faninals Palais. Die Laufer sind's, die Quinquins, des Rosenkavaliers Grafen Octavian Rofrano, Ankunft verkünden. Ihre Aufgabe ist eigentlich eine andere – sie scheuchen weniger feudale Verkehrsteilnehmer zur Seite, mit Zurufen und mit einem langen Stab. Das ist aber noch bei Weitem nicht alles, sie dienten ihrer Herrschaft auch auf anderem Gebiet. Sie brachten Botschaften von Palais zu Palais, mitunter auch geheimnisvolle. Sie leuchteten, Fackeln in den Händen, den Gästen auf dem Weg nach Hause. Eine aus der Mode gekommene Redewendung, eine Drohung war – dir werd ich heimleuchten!

Die Laufer wurden vom Volk »herrschaftliche Faulenzer« genannt, das wird sie kaum gestört haben. Denn erstens stammten sie zumeist aus Italien, und zweitens waren sie glänzende Erscheinungen, oft hübsche Burschen, von Berufs wegen sportlich trainiert. Und dann ihre pompöse Livree! Enge Trikots an den Beinen wie die Ballettleute, Epauletten an den Schultern, wippende Straußenfedern am Hut, bunte Schärpen wie die Träger hoher Orden – all das in den Farben ihrer Adelshäuser.

Einmal pro Jahr hatten sie ihren großen Auftritt – am 1. Mai beim Lauferrennen im Prater. Wie ihre vierbeinigen Kollegen beim Galopprennen traten sie an, bejubelt und angefeuert. Diese Renntage waren beliebt und sehr gut besucht. Der Sieger hatte den Farben seines Arbeitgebers Ehre gemacht, nun wurde er gefeiert.

Dem Rennen wurde ebenso wie dem Berufsstand mit der Revolution von 1848 ein Ende gemacht. Der Begriff blieb erhal-

Die Laufer …

ten – das Haus »Zu den drei Laufern« am Kohlmarkt hat dafür gesorgt. Dieses Haus an der Ecke zur Herrengasse zeigte die Laufer in seinem Hauszeichen, einem Geschäftsschild der Spezereiwarenhandlung Resch, gemalt von Moritz Michael Daffinger. Wir begegnen den Laufern bald wieder, spätestens am Alsergrund, aber jetzt eilen wir ihnen nach auf ihrem Weg zum reichen Herrn von Faninal.

Das Palais Rofrano ist das Palais Auersperg – und führt beide Namen zu Recht. Denn ein Marchese Rofrano hat den Bau begonnen, hat Joseph Emanuel Fischer von Erlach und Johann Lucas von Hildebrandt damit beauftragt, die Auersperg haben ab 1777 weitergebaut und verschönert. Ach ja, die Adresse: Auerspergstraße 1, 1080 Wien.

Hugo von Hofmannsthal, Librettist von Strauss' *Rosenkavalier*, war in dieser Welt des Rokoko zu Hause, in seinem Fuchsschlössl aus dem Jahr 1724 im Alltagsleben, ebenso in seinem Innenleben. Er hat die Sprache dieser Zeit derart verinnerlicht, dass er ohne lange Vorbereitung in ihr denken und schreiben konnte.

Herr von Faninal, Armeelieferant, frisch geadelter Parvenu, wird, ein Beispiel, charakterisiert durch seine »zwölf Häuser auf der Wieden«, hat aber auch Besitz in der Josefstadt: »Wär nur die Mauer da von Glas, daß alle bürgerlichen Neidhammeln von Wien uns könnten so en famille beisammen s:tzen sehen! Dafür wollt ich mein Lerchenfelder Eckhaus geben, meiner Seel!«

Lerchenfeld – Teil der Josefstadt, des Neubau, bis Ottakring dehnt sich der alte Stadtteil. Schon lange ist hier keine Rede mehr von Lerchen, auch nicht von Feldern. Zugebaut seit Jahrhunderten lebt hier eine städtische, auch vorstädtische Geschichte. Und weil wir sie gerade im Zusammenhang mit einem Vertreter des »Bagatelladels« (Copyright by Hugo von Hofmannsthal) haben auftreten lassen, bleiben wir einmal beim Thema Alltag im Palais.

Die Reihe der Bauwerke: Hofstallungen (heute das Museumsquartier), Palais Trautson, Palais Auersperg mag der Fantasie helfen. Die Fantasie wird unterstützt von der Wissenschaft. Da

Kolorierte Radierung von Johann Ziegler – links Palais Trautson, rechts Palais Rofrano-Auersperg

geht es nun um vor oder nach dem Staatsbankrott von 1811, vor oder nach 1848/49, vor oder nach 1918/19. Denken wir also an das Wien, da diese Palaisreihe gebaut wurde, an das Zeitalter Maria Theresias, an den *Rosenkavalier*.

Nimmt man den Hofkalender zu Hilfe, so ergibt sich ein eindrucksvolles Bild – das den kaiserlichen Hof betrifft. Denn diese überreiche Zahl von, sagen wir es mit heutigen Begriffen, Mitarbeitern, war selbst für einen gehobenen fürstlichen Haushalt nicht denkbar. Der Hofkalender des Jahres 1765 etwa, dem letzten Lebensjahr von Kaiser Franz Stephan, nennt folgende Ämter – und das ist nur ein ganz kleiner Teil: Obersthofmeister, Oberster Hofküchenmeister, Oberster Hofstabelmeister, Oberster Silberkämmerer, Untersilberkämmerer, Mundschenk, Truchsess, Vorschneider, Houschier – und das waren zum guten Teil hohe Hofämter, deren Inhaber sich zwar nicht tatsächlich um einen vollen Eiskasten oder die Getränkeliste gekümmert haben, aber allongeperückt zwei- bis vierspännig bei Hof erschienen.

Aber jetzt geht es erst los: Zehrgadner, Zehrgadenschreiber, Rottmeister, Tafeldecker, Zuschroder, Mundkoch, Hofkoch, Hofbäcker, Wassermacher, Tafeldecker, Tapezierer …

Die Zahl der Hofbediensteten – nicht der vom Adel fest besetzten Hofämter – nahm zu, nahm ab. Ein musikliebender Herrscher vergrößerte seine Hofmusik, auch bis zum Stand von 300 Musikern, der nächste war eventuell mit der Hälfte zufrieden.

Das spürten die Wiener höchstens indirekt, jedoch tagtäglich waren sie mit dem nach außen wirkenden Palaisalltag konfrontiert.

Die Laufer, die ihre Herrschaft vor Equipagen und Sänften durch die engen Gassen schleusten, von ihnen war längst die Rede. Unbeweglich und von eindrucksvoller Mächtigkeit posierte dagegen der Portier vor den Palaistoren. Er entschied, wem der Zutritt gestattet war, war Wache und Repräsentant

Die geballte Macht – der hochherrschaftliche Portier

zugleich. Kerzenlieferanten, Weinhändler, das Dienstpersonal – genannt »die bagagi« – hatten einen Seiteneingang zu benutzen.

Dann – die Dienerschaft, weiblich und männlich. Sie wurde in der 3. Person Einzahl angesprochen – bring er ein Glas Hippokras mit Ingwer! Sie hatte in der 3. Person Plural zu antworten – »Haben Durchlaucht vergessen? Bekommen von Hippokras allweil Kongestionen« etc.

Dieser Sprachduktus kann, muss aber nicht gut gehen, er kann zu Missverständnissen führen: Ischl im August, Theatervorstellung, Kronprinz Rudolf kommt zu spät. Er stürmt über die Stiegen zur Hofloge, wird vom Logenschließer vertraulich en famille angesprochen – »Der Herr Papa ist scho drinnen!« Der Kronprinz wütend: »Ist er betrunken?« Der Logenschließer: »Nein, so hat er mir nicht gewirkt.«

Dann gibt es noch den Leiblakaien, eventuell die Hajduken, die Leibjäger, Fahrkutscher, Reitkutscher … Dieser Palaisalltag hat sich noch bis tief in die Zweite Republik in Resten gehalten. Das republikanische Kanzleramt am Ballhausplatz hat noch in den frühen 60er-Jahren bei entsprechendem Anlass den livrierten Portier vor die Tore gestellt.

Palaisbesitz alleine macht noch lange keinen Herrn. Wenn der Herr von Faninal Glück hat, die Ehe seiner Tochter Sophie und des Octavian Rofrano zu ebenso feudal verheirateten Kindern führt, dann mag das einmal gut gegangen sein. Dann hat des Parvenus Nachkommenschaft den ersehnten Schritt in die Gesellschaft bewältigt. Das gelang nicht immer.

Er hatte einen schönen Namen, war unfassbar reich, konnte sich seine Freunde aussuchen, zu denen zum Beispiel Hugo von Hofmannsthal zählte – und wäre vielleicht lieber ein Herr von Faninal geworden. Camillo Castiglionis (1879–1957) Lebensweg mit seinem steilen Auf- und seinem jähen Abstieg lässt sich nur mit den Karrieren der Biedermeiergrößen Geymüller oder Fries, allenfalls mit jener des Peter von Bohr vergleichen. Seine großen Aktionen haben nicht viele Spuren hinterlassen – darunter aber eine von höchster Bedeutung. Er hat für Max Reinhardt einen Traum wahr gemacht – das Theater in der Josefstadt. Ein schönerer, eleganterer Theaterbau ist nicht denkbar.

Helene Thimig, Reinhardts Witwe, hat die Auferstehung des zuletzt in seiner Bausubstanz heruntergekommenen Traditionshauses aus nächster Nähe miterlebt, hat ihre eigenen Erinnerungen und die ihrer Freundin, der Reinhardt-Sekretärin Gusti Adler, festgehalten in ihrem Buch *Wie Max Reinhardt lebte*: »Ich habe den Umbau dieses Hauses vom Anfang bis zum Ende mitgearbeitet und mitgeplant, war vor allem an unseren Italienreisen, an unseren ausgedehnten Sammlerfahrten stark beteiligt.

Die Josefstädter: Helene Thimig, Max Reinhardt, Attila Hörbiger, Ernst Lothar

In Rom, Florenz und Venedig haben wir die Antiquitätengeschäfte durchsucht – Hauptziel in jeder Stadt und in jedem Städtchen, das wir durchfuhren. Wir reisten im Auto und durchkurvten alle Viertel und alle Gassen auf der Suche nach solchen Geschäften.«

Max Reinhardts Vorgänger in der Direktion der Josefstadt, Josef Jarno, hatte das Haus von 1899 bis 1923 geleitet – und sich große Verdienste um die zeitgenössische Literatur erworben. Neben manchem Schwank als Konzession an Boulevard und Bilanz brachte Jarno mutig Neues – Wedekind, Strindberg, Schönherr, Ibsen. Er selbst blieb auch als Direktor weiterhin Regisseur und Darsteller – er war Franz Molnárs erster Liliom.

Aber das Theatergebäude sah bedauernswert aus. Gusti Adler erinnert sich in ihrem Buch *Max Reinhardt. Sein Leben*: »Vor Jahren, und seitdem immer wieder, hat Max Reinhardt das Teatro la Fenice in Venedig gesehen, war seinem Zauber verfallen. Aus diesem alten Wiener Theater, in dem er unvergeßliche Jugendeindrücke empfangen hat, will er etwas Ähnliches schaffen.« Bis die Josefstadt wie das Fenice wie »Phönix aus der Asche« wiedererstehen konnte, hat es freilich Zeit gebraucht. Denn Frau Adler hat auch den ersten Eindruck lebendig beschrieben: »Das ›Foyer‹ des alten Theaters riecht wie ein Stall und die schmutzigen Wände mit den armseligen Holzverkleidungen, der gepflasterte Boden, haben etwas vom Charakter eines Stalls.«

Am 22. Juni 1923 unterschreibt Reinhardt den Pachtvertrag als neuer Direktor – und ist von der erhofften Neugestaltung noch weit entfernt. Scheinbar, denn in Wien hat sich herumgesprochen, dass das erfolgsgewohnte Theatergenie die Josefstadt übernimmt. Auch Camillo Castiglioni hat es erfahren, seine Frau ist Schauspielerin. Zwar übt sie seit Jahren ihren Beruf nicht mehr aus, doch sie verkehrt gerne in Theaterkreisen. Vielleicht unter ihrem Einfluss, vielleicht aber auch, weil er die Anerkennung der Gesellschaft ersehnt, bietet Castiglioni Reinhardt in einem Brief die Realisierung seiner Vision an.

Woher hat der künftige Mäzen das viele Geld? Am Höhepunkt seiner Macht war er in den ersten Jahren nach dem Ersten Weltkrieg. 1924 erschien das Buch *Könige der Inflation*, der Autor Paul Ufermann schreibt: »Castiglioni ist in vielen Industrien Österreichs tonangebend. Die Zentrale seines riesigen Besitzes ist die Firma Camillo Castiglioni, Bank- und Kommissionsgeschäft in Wien.«

Er ist an der Export- und Industriebank AG und an der Niederösterreichischen Escomptegesellschaft beteiligt, an den Eisenwerken Alpine, Schoeller-Bleckmann, Leobersdorfer Traisen AG, Böhler Stahlwerke AG, Austro Daimler Motoren AG,

Brown-Boveriwerke, Felten-Guilleaume AG. Um nicht eine noch längere Liste von Firmennamen zu nennen – in der Papier- und Holzindustrie, Metallindustrie, Textilindustrie hat Castiglioni großen Einfluss in 23 Unternehmen, aber auch beim Lloyd Triestino, in seiner Geburtsstadt Triest. Er hat die Kontrolle über etliche österreichische Zeitungen, über diverse Firmen in Ungarn, in der Tschechosloswakei, in mehreren Balkanländern, in Deutschland. Für die Erhaltung und den laufenden Betrieb seiner Neuerwerbung, des Theaters in der Josefstadt, gründet Castiglioni am 23. April 1924 die Wiener Schauspielhaus-AG. Sie hat ihren Firmensitz am heutigen Schubertring 14, in der Machtzentrale des Mäzens.

In erstaunlich kurzer Zeit ist aus Max Reinhardts Traum Wirklichkeit geworden. Am 1. April 1924 tritt das Ensemble zum

Das Entree. Kornhäusel + Venedig =
Theater in der Josefstadt

ersten Mal nach der aufwendigen Restaurierung vor das Wiener Publikum: »Die Schauspieler im Theater in der Josefstadt unter der Führung von Max Reinhardt.« Die erste Premiere in dem von Italien inspirierten geretteten Bühnenhaus gilt einem Venezianer – Carlo Goldoni, *Der Diener zweier Herren*. Die Ausstattung übernimmt ein genialer Wiener Künstler, Oskar Laske. Auf der Bühne steht die Familie Thimig, Reinhardts spätere Frau Helene, ihr Bruder Hermann und der Vater der Dynastie, Hugo, früher Direktor des Hofburgtheaters. Nur Monate später stößt auch der jüngere Sohn zur Truppe Max Reinhardts, Hans. Die Wiener geben dem ältesten Theater der Stadt einen neuen Namen – Thimig-Theater.

Damit hat die Josefstadt ihren ohnehin guten Ruf noch einmal bedeutend gesteigert. Als zweite Premiere folgte Schillers *Kabale und Liebe*, und am 16. April hatte das Lustspiel *Der Schwierige* von Hugo von Hofmannsthal Premiere.

Die Josefstadt ist das älteste Theater von Wien, sie hat das Carltheater und andere Bühnen überlebt. 1788 erhielt der Schauspieler Karl Mayer, Sohn eines Neulerchenfelder Gastwirts, das Privileg, ein Theater im Haus seines Schwiegervaters zu errichten. Der zeitgenössische Chronist Franz Gräffer nennt Mayer einen »pauvren Theaterprinzipal« und berichtet über die Schauspieler: »Julius Caesar, Arm in Arm mit einer ärmelaufgesteckten böhmischen Köchin, mit einem aufgespannten parapluie, ein Ritter in voller Rüstung in Gesellschaft der Cleopatra, gleichfalls mit offenem Regenschirm in der Kaiserstraße unter freiem Himmel ...« Die Josefstädter Straße hieß damals noch Kaiserstraße, und »die Helden nämlich zwischen den Akten schlüpften geschwind in die gerade gegenüber befindliche Bierkneipe auf eine Halbe Mailänder ...«: Den Schirm brauchten sie, zumal der genannte Ritter – »da seine blinkende Rüstung von Pappe mit Silberpapier überklebt«.

Das junge Theater schrammte ständig hart am Untergang entlang. Das ursprüngliche Gebäude ließ einer von Mayers

Nachfolgern, Karl Friedrich Hensler, von Joseph Kornhäusel umbauen und eröffnete am 3. Oktober 1822. Die 400 Plätze waren seit Wochen ausverkauft. Ludwig van Beethoven hatte zu diesem Anlass die Ouvertüre *Die Weihe des Hauses* komponiert, er selbst saß am Klavier, Widmungsempfänger war Nikolaus Borisowitsch Fürst Galitzin.

Ab jetzt entsprach das Niveau den Erwartungen eines gehobenen Publikums. Die *Allgemeine Theaterzeitung und Originalblatt für Kunst, Literatur, Musik, Mode und geselliges Leben* berichtete über eine Aufführung von Calderon de la Barcas Tragödie *Don Gutierrez*: »Die äußere Ausstattung des Ganzen war anständig, und es gereicht dieser Bühne zweifellos zur Auszeichnung, die Darstellung dieser Tragödie auf so würdige Weise zur Anschauung gebracht zu haben.«

In diesen Tagen spielten die anderen Wiener Theater weniger Weihevolles: Das Theater nächst der Burg *Der Essighändler*, das Theater nächst dem Kärntnertor *Raoul, der Blaubart*, das Theater in der Leopoldstadt *Die Affenkomödie*.

1833 kam Ferdinand Raimund zum Ensemble, ein Jahr später spielte er in der Uraufführung seines *Verschwenders* den Valentin.

Das, wenn auch nur kurze, Engagement Ferdinand Raimunds und die Direktionsjahre Franz Pokornys von 1837 bis 1845 sorgten für Erfolge, die mit dem Wechsel dieses Prinzipals an das Theater an der Wien zu Ende waren. Erst mit Josef Jarno ging es wieder aufwärts, bis in die lichten Höhen Max Reinhardts.

Die Zeit dieser Direktion verlor viel von ihrem Glanz, als Reinhardt zuerst Berlin, dann Österreich und schließlich Europa verließ.

Er setzte zuerst Emil Geyer, dann Otto Preminger als Josefstadt-Direktor ein, zuletzt Ernst Lothar.

Dieser letzte Wiener Statthalter Max Reinhardts hat in seinen Erinnerungen die Ereignisse ab dem 12. März 1938 beschrieben, auch seinen Abschied von der Josefstadt: Zwei Schauspieler des Ensembles erschienen und gaben sich als Vertreter der nationalsozialistischen Zelle des Theaters zu erkennen. Sie kündigten Lothar seine bevorstehende Ablösung an, er war Jude. Sie verhängten über die schon geprobte Aufführung von Carl Zuckmayers *Bellmann* ein Verbot, der Autor war »Halbjude«.

»Zu Hause jedoch erwarteten mich jene zwei Vertreter der nationalsozialistischen Schauspieler, die mir kürzlich schon erschienen waren ... sie trugen SA-Uniformen und Röhrenstiefel und stellten mich über umlaufende Gerüchte zur Rede, daß ich abzureisen gedenke ... Dem einen der zwei (Erik Frey) war es peinlich, dem anderen (Robert Horky) nicht. In dem Wienerisch, womit er sich in Volksstücken hervortat, erklärte er: ›Sie san der Direktor und für alles verantwortlich, speziell für die Betriebskosten! ... Sollten S' abpaschen wollen, kommen S' ins Lager! Heil Hitler!‹« Ernst Lothar gelang es, »abzupaschen«. Dazu benötigte er eine Bestätigung: »Dagegen wurde mir, dank einer Intervention Attila Hörbigers, der den Mut aufbrachte, mich hinzubegleiten und sich für mich zu exponieren, eine Bescheinigung des Bühnenvereins erteilt, wonach ich meinen Verpflichtungen pünktlich nachgekommen sei ...«

In Berlin hatte Reinhardts Assistent Heinz Hilpert die Führung der Bühnen des Vertriebenen übernommen, nun wurde er auch Direktor des Theaters in der Josefstadt. Das traditionsreiche Haus wurde im Geiste Max Reinhardts weitergeleitet, vom Nationalsozialismus war innerhalb der Mauern wenig zu spüren. Künstlerisch war es eine nach wie vor gute Zeit, Hilpert brachte Vilma Degischer und Paula Wessely an sein Theater, konnte außerdem Mitglieder wie Attila Hörbiger bewegen, zu bleiben. Wie anständig er war, erwies sich auch nach Reinhardts Tod am 31. Oktober 1943. Hilpert veranstaltete für den Juden Reinhardt eine Gedenkfeier.

Im Herbst 1944 wurde die Josefstadt mit allen anderen Theatern Österreichs gesperrt. Doch schon am 1. Mai 1945 wurde wieder gespielt – ein eminent österreichisches Stück, *Der Hofrat Geiger*, mehrfach verfilmt, durch die *Mariandl*-Melodie noch bekannter geworden. Martin Costa war der Autor und hat selbst eine Rolle übernommen. Neuer Direktor des Hauses wurde der Regisseur Rudolf Steinboeck, er blieb es bis 1953. Seither hat die Josefstadt ihren Platz in der ersten Reihe weiterhin souverän behauptet.

Schräg gegenüber dem Portal des Theaters wohnte das Josefstadtmitglied Max Böhm, es war seine letzte Adresse, Nr. 9. Georg Markus hatte ihm die Wohnung im obersten Stockwerk vermittelt, er selbst wohnte etwas tiefer, von Böhm nur »mein Untermieter« genannt.

Am Haus Josefstädter Straße 17 erinnert eine Gedenktafel daran, dass hier einmal ein seltener Gast gewohnt hat – der Züricher Schriftsteller und Maler Gottfried Keller. Dass der Künstler, der sich in seiner Heimatstadt lieber als anderswo aufhielt, 1874 die Reise nach Wien auf sich nahm, war eine Folge der Freundschaft zu dem Wiener Juristen Adolf Exner, Universitäts-

Adolf Exner und seine Schwester Marie von Frisch, geborene Exner

professor in Zürich. Dadurch lernte Keller die Schwester Exners, Marie, kennen, verliebte sich in sie, begrub jedoch bald seine Hoffnungen auf eine späte Ehe und begnügte sich mit einer »onkelhaften Freundschaft«. In einem kleinen Ölbild für die Angebetete stellte er eine Gruppe von Singvögeln in den Zweigen eines Baums dar, dabei ist der schönste, umschwärmte Marie – und er selbst die Karikatur eines rundlichen, unansehnlichen Baumbewohners.

Dieses Haus, genannt »Zu den vier Schimmeln«, bildet mit seinen Nachbarhäusern Nr. 19 und Nr. 15, Ecke Lange Gasse, ein intaktes Biedermeierensemble. Aber das Schimmelhaus allein ist eine lange Betrachtung wert. Eine zweite Gedenktafel gilt dem Nobelpreisträger Karl von Frisch, in diesem Hause geboren.

Die schöne Marie Exner zog den Mediziner Anton von Frisch dem Dichteroriginal aus Zürich vor, der passte wohl auch besser in seine neue Familie. Die vier Brüder seiner Ehefrau machten allesamt bedeutende akademische Karrieren, der Schwiegervater Franz Serafin Exner hatte einen glänzenden Ruf in der gesamten Monarchie. Er hatte als oberster Ministerialbeamter den Universitätsbetrieb in Prag und Wien reformiert, sorgte ab 1852 für eine wesentliche Verbesserung des Schulwesens im damals österreichischen Lombardo-Venezien und wurde mit einem Denkmal im Hof der Universität Padua geehrt. Sein Enkel Karl, Sohn der Marie, wurde wie seine drei Brüder Universitätslehrer. Er war Zoologe, zum großen Teil eines langen Lebenswegs unterrichtete er an der Universität München. Neben seinen Forschungen über Fische befasste er sich in erster Linie mit den Honigbienen – mit ihrem Geruchssinn, ihrem Orientierungsvermögen und den daraus folgenden Informationen, die sie einander weitergeben. 1973 erhielt der »Bienen-Frisch« den Nobelpreis.

Nr. 19 beherbergt das Gasthaus »Zur frommen Helene«, im Vorgängerbetrieb war Oskar Werner gern zu Gast, der jahrelang

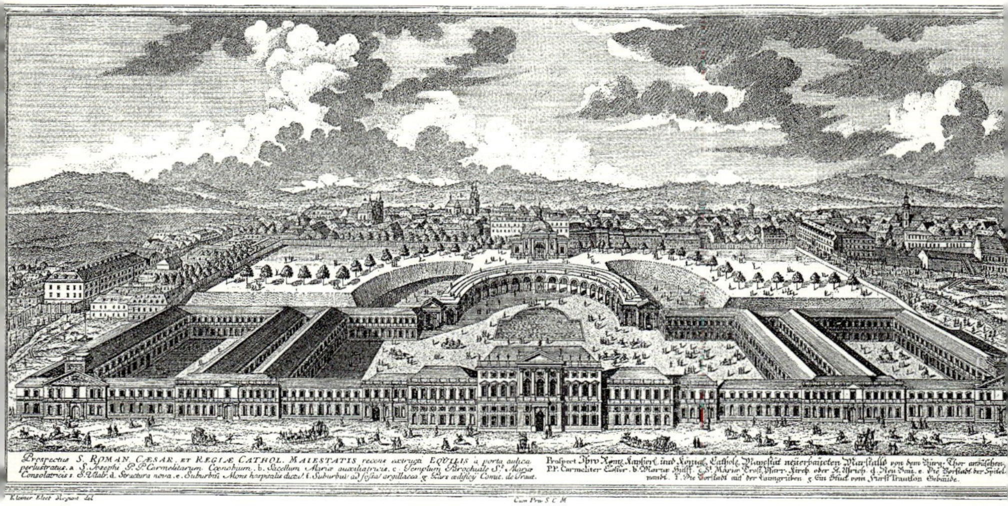

Salomon Kleiner,
die Hofstallungen um 1720

in der nahen Trautsongasse wohnte. Gegenüber, Nr. 18, Ecke Lange Gasse, stand bis 1789 das Haus »Zur goldenen Schlange«, in dem 1761 Salomon Kleiner gestorben ist. Der gebürtige Augsburger hatte eine Kupferstecherlehre absolviert, er kam 1720 20-jährig nach Wien und verlegte sich aufs Zeichnen. Die Kaiserstadt bot ihm zahllose Modelle, er hat Palais, Kirchen, Schlossgärten, Plätze dargestellt, die als Kupferstiche reproduziert großen Verkaufserfolg erzielten.

Wenn man Kleiner besuchen wollte und nach dem Haus »Zur goldenen Schlange« fragte, wird das nicht selten ein Problem ergeben haben. Häuser dieses Namens gab es nicht nur in der Vorstadt Josefstadt, in der damaligen Kaisergasse, sondern auch innerhalb der Stadtmauer, in der Steindlgasse sowie in der Entengasse, heute Burggasse, ebenso in der Vorstadt Lichtental, in der Salzergasse. Erst als die Stadtmauern geschleift wurden, die Vorstädte eingemeindet, wurde Ordnung geschaffen. Der Schilderfabrikant Michael Winkler stellte nicht nur die neuen

Straßen- und Hausschilder her, er hatte das gesamte System erdacht. Und jetzt, nach dem kurzen Exkurs, flugs zurück in die Josefstädter Straße.

Auf Nr. 21 hatte Gustav Klimt ein Atelier, das zweite nach dem Gemeinschaftsatelier, das er mit Bruder Ernst und Franz Matsch im 6. Bezirk in der Sandwirtgasse besessen hatte. Von 1892 bis 1911 hat Klimt sowohl hier als auch in der nahen Florianigasse 54 gearbeitet. Für die Gruppe seiner Fakultätsbilder mietete er dort hohe Räume im obersten Stockwerk an. Die Wiener Universität hatte bei ihm und Franz Matsch mehrere Deckengemälde in Auftrag gegeben – Theologie, Jurisprudenz, Philosophie und Medizin waren die Themen, in der Mitte der Darstellung sollte der »Triumph des Lichtes über die Finsternis« stehen. In den Jahren der Ausführung wich Klimt zusehends von den ursprünglichen Entwürfen ab. Er orientierte sich an jungen neuen Kunstrichtungen wie dem Symbolismus. Was nun in der Florianigasse entstand, entsprach nicht den traditionsgebundenen Vorstellungen der auftraggebenden Professoren – und auch nicht den ursprünglichen Skizzen des Künstlers. Bei der ersten Ausstellung in der Secession im Jahr 1900 wurde Klimts *Philosophie* einhellig abgelehnt. Die Professoren waren enttäuscht von dem Mann, den man schon als »neuen Makart« gesehen hatte. Mit der *Medizin* steigerte sich die Empörung, mit der *Jurisprudenz* fand der Skandal seinen Höhepunkt. Gustav Klimt zieht seine Werke zurück, droht der anrückenden Polizei, die alles abholen soll, mit Gewalt, zahlt den gesamten Vorschuss zurück und bleibt im Besitz seiner Bilder: »Ich übergebe meine Bilder nicht, weil ich mit Auftraggebern, die echter Kunst und echten Künstlern so fernstehen, nichts mehr zu schaffen haben will.« Und noch deutlicher wird der empörte Meister: »Die Bilder gebe ich nur, wenn man Brachialgewalt anwendet.« Die *Philosophie* wurde bald nach der Ausstellung in Wien auf der Pariser Weltausstellung gezeigt und erhielt eine Goldmedaille.

Gustav Klimt, die Fakultätsbilder.
Die Jurisprudenz

An der Josefstädter Straße auf Nr. 39 steht der junge Trakt des Palais Strozzi, er ist erst 1877/78 errichtet worden. Dahinter, dem Blick entzogen, verbirgt sich ein Prachtbau, der früher als »Wiens schönstes Finanzamt« gegolten hat. Willy Lorenz schwärmte einst in der *Presse* von dem Gebäude: »Der Leser wird mich für verrückt halten, wenn ich ihm erzähle, daß ich von Zeit zu Zeit gerne ein Finanzamt besuche ... Dieses Finanzamt ist wirklich von einer außergewöhnlichen Schönheit und Interessantheit, nur weiß das niemand, denn von außen ist dies nicht zu bemerken.«

Zu den Folgen der Türkenbelagerung von 1683 gehörte der grüne Gürtel, der rund um die Stadt zu wachsen begann. Wiens Vorstädte hatte man zerstört, um dem Feind keine Deckung zu bieten, jetzt wurde aufgebaut. Man muss sich vorstellen, die Schlösser und ihre Parkanlagen stünden rund um die Haupt- und Residenzstadt, wie wir das vom Belvedere, Palais Schwarzenberg, den Salesianerinnen, dem Botanischen Garten kennen. Das Palais Strozzi und sein Park waren im frühen 18. Jahrhundert Teil eines entsprechenden Ensembles mit dem Palais Auersperg, dem Palais Trautson.

Das Schloss war der Sommersitz einer Generalswitwe, der Gräfin Maria Katharina Strozzi, geborene Khevenhüller. 1716 erwarb der Erzbischof von Valencia den Besitz, Francisco Folco de Cardona. Er war mit König Karl III. von Spanien, nunmehr Kaiser Karl VI., nach Wien gekommen. Die Gruppe dieser katalanischen Parteigänger Habsburgs, die ab 1713 im Exil lebten, war groß und einflussreich. Das Kaiserhaus erbte das Palais Strozzi, das 1840 zum Finanzamt wurde. 2012 mussten die Damen und Herren Finanzbeamten das feudale Ambiente verlassen und in den Betonpalast Wien Mitte umziehen.

Früher gab es den Geheimtipp, sich Zutritt zum Studentenheim Pfeilgasse zu verschaffen, um einen Blick auf die rückwärtige Fassade des Palais werfen zu können. Dies ist in absehbarer

Zeit nicht mehr notwendig, denn bald soll hier ein öffentlicher Park zur Unterbrechung eines Spaziergangs entlang der Josefstädter Straße locken.

Im Haus Nr. 66 lebte der Komponist und Kapellmeister Philipp Fahrbach, (1815–1885). Er stand Johann Strauß Sohn in mehrfacher Hinsicht nahe. Auf den Tag exakt zehn Jahre vor dem Kollegen geboren, gehörte er neben anderen Musikern zu einem Team rund um den jungen Kapellmeister, das dem Unerfahrenen im Geheimen helfen sollte, seine Ideen zu instrumentieren. Fahrbach war nicht nur Musiker, sondern auch Autor, und er schrieb für die *Wiener allgemeine Musikzeitung*. Hier erschien 1847 sein Artikel *Geschichte der Tanzmusik seit 25 Jahren*, in dem zwischen den Zeilen die Strauß'sche Musikwerkstatt erkennbar wird.

In dem 1975 abgerissenen Bürgerhaus aus dem Vormärz, Nr. 74, war ebenfalls ein Komponist zu Hause, allerdings von ganz anderer Art. Josef Matthias Hauer lebte hier von 1918 bis zu seinem Tod 1959. Er hatte unabhängig von Arnold Schönberg die Musik reformiert, hatte die Zwölftontechnik schon 1919 erdacht. Zwar wurden ihm dafür mehrere Preise zuteil, wie 1955 der Große Österreichische Staatspreis, aber Hauer kam niemals darüber hinweg, dass man stets Schönberg und nicht ihn in diesem Zusammenhang nannte. Er ließ sich einen Stempel anfertigen, mit dem er seine Briefe markierte: »Alleiniger Erfinder der Zwölftonmusik«.

In der Josefstädter Straße kommt man aus dem Erzählen nicht mehr heraus – und dazu kommen noch die Seitengassen und Querstraßen! Lenaugasse, Buchfeldgasse, Piaristengasse, Lange Gasse sind geschlossen qualitätvolle Straßenzüge. Schon an der Ecke Lenaugasse kann man leicht und lange hängen bleiben, nicht stehen bleiben! Man hat die Wahl, in einem Wiener Beisl zu sitzen oder in einem klassischen Kaffeehaus. Das Gasthaus »Zur Stadt Paris« ist auch in die Literatur eingegangen, davon kündet eine Gedenktafel. Von seiner

Wohnung in der nahen Buchfeldgasse 6 kam Heimito von Doderer oft in sein Stammwirtshaus und machte es zum Schauplatz seiner Erzählung *Ein anderer Kratki-Baschik*, geschrieben 1956. Der merkwürdige Name kommt von einem Zaubertheater, gegründet zur Weltausstellung 1873 von dem Zauberkünstler Anton Kratky-Baschik. Er erfreute sich weltweiten Erfolgs, in Doderers Stammgasthaus hatte er einen späten Verehrer, der für die Gäste seine Kunststücke vorführte. Auch der Gastwirt Blauensteiner wird vom berühmten Dichter gewürdigt – und ebenso seine Frau, die Wirtin. Denn Doderer war ein bekannter, ja obsessiver Frauenfreund: »... und schon gar, wenn ihm selbst eine anziehende und liebenswürdige Persönlichkeit eignet, wie das bei dem Herrn Franz Blauensteiner der Fall war, und erst recht bei seiner schönen Wirtin, der Frau Elly, die mit jener Rundlichkeit, welche man unter den Wienerinnen oft antrifft, ein graziles Gehwerk verband – eine derartige Verbindung ist fast typisch für die Frauen unserer Stadt – und also eilfertig und munter durch das Lokal kugelte.«

Die rechte Seite der Lenaugasse beginnt mit einem 1840 errichteten Zinshaus, einem imposanten Gebäude, der Giebel beherrscht von einer Darstellung der Pallas Athene, umgeben von Symbolen der vier Lebensalter. Hier wohnte einige Jahre lang Friedrich Hebbel, gebürtig aus Wesselburen in Schleswig-Holstein, Wahl-Josefstädter, verheiratet mit der Hofschauspielerin Christine Enghaus.

Seit das Haus steht, gibt es hier ein Kaffeehaus. Adolf Bäuerles *Wiener Theaterzeitung* lobte es vom ersten Tag an und bewies damit die Macht der Presse, denn die Leser glaubten ihm und strömten herbei. Die Besitzer wechselten, 1901 übernahm Friedrich Eiles das Café und ließ es im modernen Jugendstil neu gestalten. 1933 wurde es modernisiert, behielt den Namen Eiles und besteht in dieser Form bis heute.

Fünfzig Heller für die österreichische Republik

Illustrierte Kronen Zeitung

Zwanzig Heller tschecho-slowak. Währ. für die tschecho-slowak. Republik

21. Jahrgang. G. Davis & Co., IX., Bramergasse 28. Für die Redaktion und die Druckerei verantwortlich: R. Ellenmenger Nr. 7471.

Post-Abonnement für die österreichische Republik
1 Monat . . . . K 15.—
3 Monate . . . . K 45.—

Wien, Freitag den 22. Oktober 1920.
Redaktion und Administration: Wien, IX., Bramergasse 28.
Tel. 12805, 14330, 15744.
Stadtbureau: I. Bez., Schulerstraße 19. Tel. 7927.

Post-Abonnement für die tschecho-slow. Republik
1 Monat K 6.—, 3 Monate K 18.— tschecho-slowakischer Währung.

Die Mörderin ihres Kindes vor den Geschworenen.

Mord auf offener Straße.

Mord vor dem Café Eiles.
Das Mordopfer am 22. Oktober 1920 war
Ministerialrat Nowotny, Urgroßvater des Autors.

Auf alle weiteren Häuser der schönen Lenaugasse einzugehen, dazu fehlt hier der Platz. Aber einige von ihnen sollen genannt werden – die Nr. 3, das Haus »Zum Weißen Stern«, erbaut von Donato Felice d'Allio im Jahr 1711. Ursprünglich Maurermeister, erwies er sich als derart kenntnisreich in technischen Fragen, dass man ihm größere Projekte übertrug, ihn zum Fortifikationsbaumeister erhob. Ab 1716 arbeitete er außerdem als Polier für Johann Lucas von Hildebrandt beim Bau der Piaristenkirche. 1730 bekam er den Auftrag, das Klosterneuburger Kloster neu zu errichten. Als sich Kaiser Karl VI. für den Neubau zu interessieren begann, stellte er ihm den Hofbaumeister Joseph Emanuel Fischer von Erlach an die Seite, der d'Allios Plan neu dimensionierte. Alles wurde größer, prunkvoller, die Kuppeln sollten von den Kronen des Hauses Habsburg überhöht werden, ein typischer hochbarocker Gedanke. Die Basis der Planung blieb aber jene von d'Allio.

Mit dem Tod des Kaisers stockte der große Plan. Karl VI. hatte ihn sehr gefördert, wenn auch nicht finanziell, die Lösung dieser Frage überließ er den Augustiner-Chorherren. Von der imperialen Kronensammlung fanden nur zwei Exemplare aufs Klosterdach – die römische Kaiserkrone und Habsburgs Hauskrone.

Lenaugasse 3 ist zur Gänze d'Allios Werk, er hat selbst darauf hingewiesen, denn im Hof des Hauses hat er für sich eine Herme, eine Huldigungssäule, im Renaissancestil errichtet.

Nr. 10 war im Besitz der Klavierfabrikanten Bösendorfer, ihnen folgten die Kinsky, deren Wappen man über dem Tor sieht.

Eine Gedenktafel am Haus Nr. 13 verkündet, dass der Dichter und Burgtheaterdirektor Anton Wildgans hier einige Kindheitsjahre verbracht hat, 1885 bis 1892. Danach übersiedelte die Familie in das Haus Nr. 19, dort lebte Wildgans von 1893 bis 1905 und hatte somit einen kurzen Weg zu seiner Schule, dem Piaristengymnasium, und später zur Universität, er studierte Jus.

Auf Nr. 19 wohnte auch der Mineraloge Friedrich Mohs, dessen Name sogar für Laien ein Begriff sein sollte, dank der von ihm entwickelten Härteskala.

Mit einem anderen berühmten Bewohner dieses Hauses sollte man sich lang und intensiv befassen, denn seine Persönlichkeit und sein Leben waren spannend, ja aufregend. Cajetan Felder war 1868 bis 1878 Bürgermeister von Wien, somit auch 1873 im Jahr der Weltausstellung. Anlässlich der Eröffnung durfte er einen persönlichen Erfolg erleben – er begrüßte viele der internationalen Vertreter in ihren Landessprachen. Mit berechtigtem Stolz erzählt Felder in seinem Lebensbuch *Erinnerungen eines Wiener Bürgermeisters*: »Bei mehreren aparten Festen einzelner Ausstellergruppen, wie beispielsweise anläßlich des Jubiläums der amerikanischen Unabhängigkeitserklärung, mußte ich mich auf das Gebiet fremdsprachiger Toaste wagen und erwarb mir so, bei den Fremden und ihren Journalen, den Beinamen des ›polyglotten Bürgermeisters‹.« Neben Italienisch und Englisch beherrschte Felder Portugiesisch, Schwedisch, Französisch, Türkisch, Persisch und einige arabische Dialekte, darüber hinaus verstand er noch weitere Sprachen, insgesamt dreizehn.

Er hatte in den ersten drei Jahrzehnten seines Lebens weite Reisen unternommen, durch Europa, Nordafrika, in den Ural. Von Beruf Advokat, übernahm er immer wieder öffentliche Ämter, war in der Kommunalpolitik hochaktiv und wurde 1868 zum Bürgermeister gewählt. Mit Wahlen, wie wir sie gewohnt sind, hatte dieses frühe System nichts gemein – im Kurienwahlrecht konnten in Wien mit seinen rund 600 000 Einwohnern nur 20 000 männliche Wähler über 24 Jahren ihre Stimme abgeben.

Cajetan Felder hat in der österreichischen Hauptstadt eindrucksvolle Spuren hinterlassen – die erste Hochquellenwasserleitung, die Donauregulierung, den Zentralfriedhof. Dass das Rathaus an seinem prominenten Platz gegenüber dem Burgtheater, nahe der Hofburg, steht, und nicht beim Stadtpark, geht ebenfalls auf seine Initiative zurück. Beim Fußweg von seiner

Wohnung in der Lenaugasse in seine Kanzlei in der Stadt musste er sich ständig über Schlamm oder Staub auf dem noch unverbauten, vom Militär als Paradeplatz beanspruchten Teil des Glacis ärgern. In seinen *Erinnerungen* schreibt er: »Der große, fast unübersehbare Raum vor dem Franzenstor war eine trostlose Einöde; bei trockener Witterung eine Sandwüste, die Hauptquelle der Staubentwicklung in der Stadt, bei nasser ein Sumpf oder im Winter ein gefrorener Teich.« Erholen von dem unerfreulichen Spaziergang konnte man sich seit 1843 in einem Kaffeehaus, das später den Namen Café Rathaus bekam, oder seit 1840 im heutigen Eiles. Das nahe Sluka neben dem Rathaus trat erst 1891 seinen Dienst an.

Ganz vorne einige Leiterwagen, wenige Kutschen, dann Publikum, davor viele berittene Generäle, in ihrer Mitte ganz vorne gewiss der junge Kaiser, das Geburtstagskind.

18. August 1860, 30. Geburtstag Franz Josephs I., Parade am Paradeplatz

Ganz rechts weiße Waffenröcke, eventuell eine Militärmusik. In der Mitte eine Ahnung von Militär, die Truppe ist nicht zu erkennen. Der Hintergrund ist interessant: Das hohe Gebäude in der Mitte mit dem Türmchen ist das einstige Militärgeographische Institut, heute mit der Adresse Friedrich-Schmidt-Platz 3. Im Parterre des Hauses links kann man das heutige Café Eiles erkennen, das damals im Besitz des Cafetiers Hagn war. Dort traf sich in jenen Jahren gegen Abend die Wiener Halbwelt, zu deren Betätigungsfeldern auch das dunkle Glacis gehörte. Die beiden hellen Türme in der Mitte gehören der Piaristenkirche, die beiden dunklen Türme links der Altlerchenfelder Pfarrkirche. Von ihr war schon am Neubau die Rede, die Piaristen hingegen sind längst fällig.

1697 kam der Piaristenorden nach Wien. Seine Ordenskirche wurde ab dem Jahr 1716 errichtet, wahrscheinlich nach einem Plan des großen Johann Lucas von Hildebrandt. Nach 1750 wurde der Bau von Matthias Gerl vollendet. Die genial gestaltete Fassade mit ihrem vorgewölbten Teil, dem Risalit, und den beiden Pilastern an den Seiten wird von einer Figurengruppe gekrönt, Glaube, Liebe und Hoffnung, die göttlichen Tugenden. Die drei Damen sitzen sehr knapp am oberen Rand des Risalits, und wenn man von einem Gasthaustisch auf dem Jodok-Fink-Platz steil in die Höhe blickt, kann man um diese Figuren Angst bekommen.

Der Innenraum von Maria Treu wird geprägt von einem Hauptwerk des Kremser Schmidt. Fünf Kuppelfresken – biblische Themen von »Adam und Eva« bis zur »Krönung der heiligen Maria«, und über der Orgel – »Engelsturz«.

Die Orgel ist neben der in Wien einmaligen Fassade und den Maulbertsch-Fresken der Glanz dieser Kirche. Die Akustik von Maria Treu wird gerühmt, dem entspricht das Interesse der Organisten, selbst an diesem Instrument zu sitzen – der Buckoworgel. Zu diesen berühmten Organisten zählen Simon Sechter, Franz Liszt und vor allen anderen Anton Bruckner. Er hat auch ein zweites Wiener Instrument dieses aus Norddeutschland stammenden Hoforgelbauers geschätzt und gern gespielt, die Orgel der Hofburgkapelle. Carl Friedrich Ferdinand Buckow war ein Gastwirtssohn aus Danzig, 1801 geboren. Dort und in Stettin bekam er seinen ersten Unterricht im Orgelbau, nach Wanderjahren ließ er sich in Hirschberg im Riesengebirge, heute Polen, nieder und machte sich selbstständig. Sein Opus 1 wurde die Orgel der St.-Peter-und-Paul-Kirche von Görlitz, Schlesien, heute zwischen Deutschland und Polen geteilt.

Buckow schuf sogenannte »Romantische Orgeln« – die im Zusammenspiel der verschiedenen Stimmen die Wirkung eines Orchesters imitierten. 1852 baute er in Prag die Orgel der protestantischen Kirche, 1858 begann er in Wien mit seinem Hauptwerk, dem Opus 50 in der Piaristenkirche. Sie wurde auf der Stelle zu einem bevorzugten Instrument Bruckners, dem Maria Treu eine berühmte Anekdote verdankt. Er hatte am 19. Novem-

Anton Bruckner mit seinem Bruder vor dem Kustodenstöckl vom Belvedere

ber 1861 die offizielle Abschlussprüfung im Fach Musiktheorie vor der Kommission des Wiener Konservatoriums abgelegt, zwei Tage später folgte die Prüfung an der Orgel der Piaristenkirche. Dieser Kommission gehörten der Hoforganist Simon Sechter und der Direktor der Gesellschaft der Musikfreunde Josef Hellmesberger an, geleitet hat sie der Hofkapellmeister und Chordirigent von Maria Treu, auch er ein hochgeschätzter Fachmann, Johann Herbeck. Anton Bruckner legte diese Prüfung derart eindrucksvoll ab, dass Herbeck ausrief: »Nicht wir hätten ihn, er hätte uns prüfen sollen!« An den historischen Prüfungsvorgang erinnert seit 1961 eine Gedenktafel.

Geprüft wird, wenn auch nicht immer derartig spektakulär, seit mehr als 300 Jahren im Gymnasium der Piaristen. Am 16. November 1701 wurde die Schule in Anwesenheit von Kaiser Leopold I. und dem Thronfolger Joseph eröffnet, dem Namensgeber der jungen Vorstadt. Das Schulportal trägt eine von zwei Engeln präsentierte Inschrift, das Motto des damaligen geistlichen Instituts – »Pietati et litteris«, also »der Frömmigkeit und den Wissenschaften gewidmet«.

Eine eindrucksvolle Reihe von Absolventen hat das Institut aufzuweisen, das älteste Gymnasium der Stadt, wenn man die Kontinuität des Standortes bedenkt. Nur das Akademische Gymnasium ist älter, das im 19. Jahrhundert von der Inneren Stadt auf den Beethovenplatz verlegt wurde. Auf einen der bekanntesten Schüler verweist eine Gedenktafel – Anton Wildgans.

Vor der Kirche, in der Mitte des Jodok-Fink-Platzes, steht die Mariensäule von 1713, zum Dank für das Ende der Pestepidemie errichtet.

Das rechte Eck des Gebäudes an der Piaristengasse beherbergt den Piaristenkeller, ein traditionsreiches Lokal mit wienerischem kulinarischen Angebot. Das hier gehütete Hutmuseum hat die ungewöhnliche Eigenschaft, seinen Besitz nicht nur zu zeigen, sondern auch den Häuptern der Besucher zur Verfügung zu stellen, vom Federhut des Fin de siècle bis zum Dragonerhelm.

Ganz in der Nähe erfreut eine weitere Kombination von Küche und Geschichte ihre Gäste, die »Alte Backstube« in der Lange Gasse 34. Das Haus alleine ist den Besuch wert, »Zur heiligen Dreifaltigkeit«. Die Sandsteinwolken über dem Haustor verkünden »1701«, in diesem Jahr nahm der erste aus der langen Bäckermeisterreihe seine Tätigkeit auf. Das Haus selbst ist noch etwas älter, 1697 errichtet.

1963 hat der letzte Bäcker den Teiglöffel abgegeben. Da mag mancher Immobilienhai schon gelauert haben, jedenfalls vergeblich. Denn das nahe Bezirksmuseum war wachsam und der Hauseigentümer kooperativ. Aus der alten Backstube wurde die »Alte Backstube«, ein Bäckereimuseum mit dem originalen Backofen, mit Körben und Handwerksgeräten. Hier kann man sich auf originelle Weise sättigen und wird dabei auch noch ein wenig gescheiter.

Die Art der Sättigung wird in den Tagen, da dieses Manuskript zum Buch wird, grundlegend geändert. Immer noch verkündet eine beleuchtete Schrift die Existenz des traditionellen Lokals, es wird aber zum japanischen Restaurant umgewandelt. Zu wenige Gäste sind in den letzten Jahren dem Charme der alten Josefstädter Gastronomie erlegen.

Die Lange Gasse gehört zu den Josefstädter Straßenzügen, die seit den Tagen des Marchese Ippolito Malaspina Wien schmücken. Dieser Aristokrat aus Verona, Zeitgenosse der Landsleute Rofrano und Strozzi, hatte in den letzten Jahren des 17. Jahrhunderts mit der Parzellierung ererbter Grundstücke begonnen. Da mag mancher wachsende Neubau gehofft haben, ein Palais zu werden, schaffte es aber nur bis zum Rang eines gehobenen Bürgerhauses, davon stehen aber alleine in der Lange Gasse noch elf Stück. Auch in die Literatur hat dieser intakte Straßenzug gefunden – Ödön von Horváth hat die Handlung von *Geschichten aus dem Wiener Wald* zum Teil hierher verlegt.

So manches alte Haus musste einen Umbau über sich ergehen lassen. Nicht jedem Hof oder Hausgarten aus Barock und Biedermeier wurde jedoch das Schicksal zuteil, zum PKW-Parkplatz zu werden, und so finden sich hier noch etliche romantische Gärtchen, wie jenes im Hof der »Alten Backstube«.

À propos Bäckerei – das Haus der Bäckerinnung steht seit 1893 in der Josefstadt. Vier Jahrhunderte lang hatte diese mächtige Zunft ihren Sitz an zentralster Stelle, zuletzt am Salzgries, und erwarb dann ein Gebäude in der Josefstadt, »Zum schönen Garten«, 1766 erbaut.

Ferdinand Fellner bekam den Auftrag, einen neuen Hoftrakt zu errichten. Im Hof steht das Bäckerkreuz, bis 1933 war es am Alsergrund zu Hause und wurde dann hier aufgestellt, in der Florianigasse 13.

Bleiben wir in der Florianigasse, die alleine ein Buch füllen könnte. Vom Atelier Gustav Klimts war schon die Rede, auf Nr. 54. Am Straßenbeginn, Florianigasse 1, war Julius Payer zu Hause, dessen Name stets in Gesellschaft des Namens Weyprecht erscheint. Die beiden Herren haben von Juli 1872 bis September 1874 die Nordpolexpedition geführt, die weiter nordwärts vorgedrungen ist als je ein Mensch zuvor. Payer ließ sich in Wien nieder – und lebte der Erinnerung und ihrer Verherrlichung. Das Abenteuer ließ ihn nicht mehr los. Er beschrieb in zahlreichen Zeichnungen und Vorträgen die Leiden der Nordpolfahrer, vor allem seine eigenen, und spielte Weyprechts Leistung herunter. Er machte sich, auch unter seinen Offizierskameraden, mehr und mehr unbeliebt. Payer quittierte den Militärdienst, übersiedelte nach Frankfurt und heiratete. Seine Frau war reich, hatte sich für ihn von ihrem Bankiersgatten scheiden lassen, und Julius von Payer führte nunmehr ein Leben als Maler, studierte später an der Münchner Akademie und eröffnete ein Atelier in Paris. Dann ließ er sich scheiden und zog zurück nach Wien, doch nicht wieder in die Josefstadt. Er eröffnete eine Malerschule für Mädchen und verdiente auch durch

Nie zurück!,
von Julius Payer

seine vielen Vorträge, an die hundert pro Jahr. Er starb während einer sommerlichen Kur in Bled, heute Slowenien, im August 1915.

Ein Pionier anderer Art hat im Jahr 1909 auf Nr. 8 gewohnt, auch Schlösselgasse 6. Der Elsässer Albert Schweitzer war promovierter Theologe und Philosoph, ein Organist von hohem Rang und ein bedeutender Menschenfreund. 1909 lebte er, wie man der Gedenktafel am Haus entnehmen kann, in der Josefstadt. Vier Jahre später hatte er auch Medizin studiert und gründete im tiefen Afrika ein Spital, in Lambaréné. 1952 wurde ihm der Friedensnobelpreis zuerkannt.

Im Nebenhaus, auf Nr. 10, wohnte Emanuel Schikaneder. Er hatte Höhen und Tiefen des Lebens hinter sich, davon war schon die Rede auf der Wieden. 1811 erlebte er einen regelrechten Absturz – als einer von vielen Österreichern. In diesem Jahr hatten sich, als Folge der napoleonischen Kriege, Staatsbankrott und Geldentwertung eingestellt. Österreich, das die Hauptlast der Kriege gegen den korsischen Parvenu trug, hatte neben den eminent hohen eigenen Kosten auch noch die Spesen für das feindliche Militär zu tragen – in diesem Jahr 1811 85 Millionen Francs, der Schuldenstand betrug 29 Prozent der Staatseinnahmen.

Schikaneder verlor also viel Geld, musste sein Nussdorfer Schlösschen verlassen, zog in die Florianigasse und starb schon im September 1812.

Mehr Erfolg hatte das Schicksal dem Hausherrn von Nr. 16 in den Jahren um 1900 zugedacht. Ferdinand Mannlichers Erfindung eines Repetiergewehrs machte seinen Namen weltberühmt. Das neue Gewehr war an Treffsicherheit und Schnelligkeit allen Konkurrenzprodukten überlegen. Seine Serienherstellung übernahm die Waffenfabrik Werndl in Steyr, die damit ein Vermögen verdiente. Dort arbeiteten an die 15 000 Menschen, die ÖWG – Österreichische Waffenfabriksgesellschaft – war Europas größter Waffenproduzent. Die Steyr-Mannlicher GmbH von heute führt ihre Tradition fort.

Die Josefstädter Kaserne stand bis 1910 zwischen Josefstädter Straße, Fuhrmanngasse und Florianigasse. In einer groß angelegten Reform wurde sie im Zuge der Kasernentransaktion demoliert, die innerstädtischen Kasernen wurden allesamt an den Stadtrand verlegt. So wurde aus dem Kasernenareal der Hamerlingpark.

In diesem an Fläche kleinen, an Geschichte reichen Bezirk ist das Sitzen auf einer Parkbank ein rares Erlebnis. Eines der Palais hat seinen Garten zum Großteil bewahren können, das Gartenpalais Schönborn. Von der Laudongasse bis zur Florianigasse erstreckt sich sein Terrain.

Friedrich Karl Graf Schönborn, Reichsvizekanzler, besaß hier

Straßenansicht des
Palais Schönborn

ein großes Gartengrundstück und ließ ein einfaches Gebäude ausbauen, den Bauauftrag gab er dem schon erfolgreichen Johann Lucas von Hildebrandt. Zwischen 1706 und 1711 entstanden das Schloss und der Park. Den prachtvollen Räumen entsprach die Schönheit der Gartenanlage. Die Vielzahl seltener Pflanzen wurde von einer großen Gruppe Tulpen überstrahlt – die von Konstantinopel nach Wien und erst später in die Niederlande gekommen waren.

Das Museum für Volkskunde, gegründet 1895, hat hier seinen Sitz seit 1917. Der Gründer des Museums, Michael Haberlandt, wird als Pionier der vergleichenden Volkskunde verehrt. Die Sammlungen im Palais Schönborn erzählen nicht nur von den Bundesländern der Republik Österreich, sondern auch von den Kronländern der Monarchie Österreich-Ungarn. Daneben führen Sonderausstellungen zu besonderen, seltenen Themen: österreichische Möbel aus der Wohnung Sigmund Freuds im Londoner Stadtteil Hampstead, 1938 auf der Flucht vor den Nazis gerettet. Oder die Jaufenthaler Krippe aus Tirol, Spätbarock. Auf 30 m² stehen Hunderte geschnitzte Figuren, Bauern, Fleischhauer, Räuber, besonders prächtig – die Heiligen Drei Könige, rund um sie zahlreiche Gegenstände des beruflichen Alltags.

Auf ganz andere Weise hat Michael Haberlandt sich weitere Verdienste erworben – er hat den Komponisten Hugo Wolf so sehr geschätzt, dass er für ihn einen Unterstützungsverein gegründet und seinem Werk zum Durchbruch verholfen hat.

Das Volkskundemuseum hat sich eines seiner Exponate als Symbol gewählt, einen Schlittenkopf aus dem 18. Jahrhundert, sein Thema – Selbsterkenntnis, »sich bei der Nase nehmen«.

Wenige Hundert Meter stadteinwärts und man kommt in die Wickenburggasse. Dorthin mag man gerne kommen, besucht man eines der Gasthäuser oder ein Antiquariat. Ein anderes Ziel besucht man nicht ganz so gern. Mit Betreten des Komplexes Nr. 18–20 befindet man sich in der Justizanstalt Josefstadt. Seit 1839 versieht das Haus seinen Dienst, hier wird Recht gesprochen – jahrhundertelang war dafür die Schranne am Hohen Markt zuständig gewesen. Als Criminalgerichtsgebäude eröffnet, ist das »Graue Haus« heute auch ein Gefängnis für Untersuchungshäftlinge und für den Strafvollzug.

Eine Schlittenfigur »Sich bei der Nase nehmen …«, im Einsatz als Logo des Volkskundemuseums

Aus dem Château d'If zu entkommen, ist dem Grafen von Monte Christo mithilfe von Alexandre Dumas père gelungen, und aus den Bleikammern von Venedig hat Giacomo Casanova fliehen können. Heute dürfte es schwieriger sein, zu solchem Erfolg zu kommen. Aber es ist möglich. Am 13. April 2005 hat ein ukrainischer Häftling seine Zelle und dann die Haftanstalt Josefstadt durch die Eingangstüre verlassen, in aller Ruhe. Freilich hatte es dazu großer Vorbereitungen bedurft. Ein Rechtsanwalt kam zu Besuch, er war aber kein echter, und legte eine Bestätigung seiner Bestellung vor, auch nicht echt. Er hatte eine schriftliche Sprecherlaubnis, gefälscht, und einen Ausweis, gefälscht. In einem Koffer brachte er Kleidung für seinen Schützling in einen nicht überwachten Raum. Die Herren verließen in aller Seelenruhe das Haus und stiegen in den wartenden Fluchtwagen.

Da war die Aufregung groß. So etwas durfte niemals wieder vorkommen! Strengere Sicherheitsmaßnahmen waren die Folge. Doch am 30. Juni 2011 erfreute sich ein weiterer Häftling seines Erfolgs und der Freiheit. Er hatte sich als der Zellengenosse ausgegeben, der an diesem Tag entlassen werden sollte, und man glaubte ihm. Nicht alle Erinnerungen an die lange Geschichte dieses Gefängnisses haben solch eine heitere Note.

Zwischen 1938 und 1945 wurden hier zahlreiche Menschen hingerichtet, die sich dem Widerstand angeschlossen hatten. Insgesamt wurden 2700 Österreicher deshalb zum Tode verurteilt und hingerichtet, 1210 von ihnen im Grauen Haus.

Auch noch in der Zweiten Republik gab es Todesurteile. Das letzte wurde am 24. März 1950 vollzogen, der Raubmörder Johann Trnka wurde gehängt. Dabei war die Todesstrafe schon längst abgeschafft worden – von Joseph II. 1787, im zweiten Staat in Europa. Der Vorreiter war das Land von Josephs Bruder Leopold gewesen, die Toscana. Später wurde sie wieder eingeführt, für Mordtaten, dann wiederum abgeschafft, wieder eingeführt ... Dazu gibt es genug einschlägige Literatur.

Die Guillotine. Wien, Kriminalmuseum

Die Wickenburggasse hat nicht nur im Justizwesen ihre Rolle, sondern auch in der Literatur. Arthur Schnitzlers *Traumnovelle* handelt in der Josefstadt, auch in der Buchfeldgasse und in der Wickenburggasse. Das Thema »Josefstadt und Literatur« ist reich – von Rofrano und Doderer eben bis zu Schnitzler und Wildgans. In der Lange Gasse hatte der Dichter und Maler Albert Paris Gütersloh längere Zeit eine Wohnung, ebenso der Librettist Fritz Löhner-Beda. Auch Ödön von Horváth und H. C. Artmann waren eine Zeit lang Josefstädter, wie auch Hans Weigel. Er flüchtete im März 1938 von der Zeltgasse aus in die Schweiz.

Der Blick entlang der Wickenburggasse mündet beim Alten Allgemeinen Krankenhaus in der Alser Straße. Nun zu denken, man sei im nächsten Bezirk, wäre ein Irrtum. Der 8. Bezirk behauptet sich auch am Alsergrund. Am Eck steht die katholische Kirche zur Allerheiligsten Dreifaltigkeit, die Pfarrkirche der Alser Vorstadt.

Die Jesuiten wurden auch die Schwarzspanier genannt, die Trinitarier nannte man die Weißspanier. Sie errichteten in den Jahren des Wiederaufbaus, des Neubeginns nach der Türkenbelagerung, ihr Kloster an der Alser Straße, daneben die Kirche. Doch sie blieben nur knapp ein Jahrhundert lang, dann gaben sie den Standort auf.

Joseph II. übergab das Kloster den Minoriten, die auch die vielfältigen Aufgaben ihrer Vorgänger übernahmen – die Seelsorge im nahen Krankenhaus, ein Findelhaus, später auch die Seelsorge im ebenfalls nahen Gerichtsgebäude. Dazu kam die Führung eines Gebärhauses, eine ganz besondere Pflicht. Hier konnten arme, ledige Mädchen ihre Kinder zur Welt bringen, wenn sie wollten auch ohne Angabe ihres Namens. Die Väter wurden nur genannt, wenn sie selbst das wünschten, und deshalb gab es eine doppelte Buchführung – die Pfarre hatte andere Matriken als die Gebärklinik. Die vielfachen Aufgaben hatten eine unerwartete Folge – die Pfarre führt das umfangreichste Matrikenarchiv von ganz Europa.

Nun müsste man auch noch von Pfarre und Pfarrkirche Breitenfeld erzählen, aber wir sind flanierend schon zu weit weg. Damit wären wir wieder am Gürtel, dessen Nähe für das Raimund Theater oder das Kaiser-Jubiläums-Stadttheater, die spätere Volksoper, von Vorteil, für eine Kirche ein Nachteil war. Zudem fällt der Blick der Gläubigen nach Verlassen der Kirche zuerst auf die Stadtbahnbauten, was auch wenig Freude gemacht hat. Jetzt war doch noch von der dritten Josefstädter Pfarrkirche die Rede – die auch in ihrer Architektur die Josefstadt verleugnet.

Wer sich im 8. Bezirk durch Barock und Biedermeier träumt, kann schnell in nostalgische Betrachtung der Vergangenheit verfallen. Doch es gibt mehrere Stellen, die den Träumern die Nostalgie mit weniger idyllischen Gedanken austreiben.

Am 25. Juli 1934 sammelten sich die nationalsozialistischen Putschisten in der Turnerbundhalle Siebensterngasse, am Neubau. Zwei Tage zuvor hatten die Anführer eine letzte Lagebesprechung abgehalten, in der Josefstadt, im Café Eiles. Ihre mittlerweile obsolete Weltanschauung hatte in diesem Bezirk eine Hochburg – den »Antisemitenhof«. Was dem Herzmanovsky-Kenner vielleicht eine skurrile Assoziation zu Wiener Hausnamen bedeuten mag, wie dem »Kleinen Querulantenhaus«, ist allerdings in der Tat harte Realität.

In der Josefsgasse 4–6 findet man heute das Hotel »Mercure Josefshof Wien Am Rathaus«. Ab Dezember 1888 aber hatte hier das *Deutsche Volksblatt* seinen Redaktionssitz, die erste antisemitische Tageszeitung Österreichs. Von 1926 bis 1933 war in diesem Haus die Redaktion der *Deutschösterreichischen Tageszeitung*, Sprachrohr der österreichischen Nationalsozialisten, Vorläufer des *Völkischen Beobachters,* beheimatet. Dem Treiben wurde durch behördliches Verbot ein Ende gesetzt, leider nur für wenige Jahre.

An 30 Stellen des Bezirks wird heute durch die Aktion »Steine der Erinnerung« der verfolgten, vertriebenen, ermordeten Mitbürger der Josefstadt gedacht.

Das Palais Auersperg soll nach dem Anfang auch den Abschied von diesem Kapitel bereiten: Vom Widerstand gegen das NS-Regime erzählt eine Gedenktafel neben dem Haupteingang des Palais Rofrano-Auersperg. 1944 wurde in diesen Räumen das Provisorische Österreichische Nationalkomitee gegründet, die Widerstandsgruppe O5. In den oberen Stockwerken versteckten die Besitzerfamilien, Auersperg und Croÿ, mehrere Widerstandskämpfer.

Noch in den letzten Jahren des 20. Jahrhunderts hat man von

der Josefstadt als einem Quartier Latin von Wien gesprochen, der zahlreichen Studentenheime wegen. Heute sind es insgesamt neun Heime verschiedener Institutionen. Im Nachbarbezirk Alsergrund bestehen heutzutage aber weit mehr Studentenheime, also ist der Ehrentitel dorthin abgewandert. Und auf den Alsergrund wandern jetzt auch wir.

Wien IX

Alsergrund

Gegründet: 1850
Fläche: 2,99 km²
Bezirksmuseum: Währinger Straße 43

Da drunt im Lichtental, ganz nah beim Alserbach … Das kann man sich heute nur mehr sehr schwer vorstellen. Der Alserbach zieht es seit Jahrhunderten vor, sich wie der Dritte Mann im Untergrund zu bewegen. Dieser Bach, korrekt die Als, entspringt im Wienerwald, im Gebiet von Hernals – eigentlich Herrn-Als – in der Nähe von Dornbach, und mündet im 9. Bezirk unter Hinterlassung des eigenen Namens in die Donau, eben unter der Alserbachstraße. Lichtental hat früher Alt-Liechtenwerd geheißen, und die Keimzelle des heutigen 9. Bezirks war das mittelalterliche Dorf »Im oberen Werd«, ein Fischerdörfchen.

Bach und Fischerdorf leben in der Erinnerung und in Straßennamen weiter. Wenn heute hier eine Bevölkerungsgruppe die Vorherrschaft innehat hat wie einst die Fischer, so die Studenten – am Alsergrund gibt es 13 Studentenheime. Vieles hier hat mit dem Thema Medizin zu tun, im weiteren Sinne. Vom Allgemeinen Krankenhaus bis zum Josephinum, von Sigmund Freud bis zu Theodor Billroth.

Wir haben die Josefstadt bei der Wickenburggasse verlassen und stehen sogleich am Alsergrund, und zwar vor einer sehr langen klassizistischen Fassade – dem Alten Allgemeinen Krankenhaus. Wie viele andere Gebäude, wie Gesetze, Volkslieder, Bräuche, ist auch dieses Riesenspital eine Folge der Türkenkriege. Obdachlose und Invalide gab es in großer Zahl, 1693 sollte ihnen wieder einmal geholfen werden. Kaiser Leopold I. ordnete den Bau an, ein Grundstück hatte schon der kaiserliche Rat Dr. Johann Franckh für ein Soldatenspital in seinem Testament vorgesehen. Der Bau wurde im Laufe der Jahrzehnte mehrmals

August Stauda, Hinterhof in der Liechtensteinstraße 117

erweitert, 1733 konnte das sogenannte Großarmenhaus schon 5000 Personen aufnehmen. Joseph II., der Allesreformer, änderte das komplette Gesundheitswesen, die Invaliden bekamen ein eigenes Spital. Und so musste gebaut werden. Josef Gerl, der Sohn von Matthias Gerl, von dem schon bei den Piaristen die Rede war, begann 1783 eine Neuplanung des bestehenden Spitals. Joseph II. hatte bei seiner Paris-Reise 1777 zu Schwester und Schwager nicht nur Eindrücke vom Textilwesen empfangen und Neuerungsideen mitgebracht. Er war im Hôtel Dieu – einer alten, berühmten Sozialeinrichtung – und in der Salpêtrière, einem Spital für Nervenkranke. Diese war eine Gründung aus der Zeit Ludwigs XIV., ebenso das Hôtel des Invalides. Kaiser Joseph begann nun in Wien, seine Eindrücke umzusetzen. Die unterschiedlichen Funktionen wurden räumlich getrennt, in den alten Hofbezeichnungen ist das noch zu erkennen – Invalidenhof, Krankenhof, Gebärhof ... Der Neubau des Spitals ging zügig voran, am 16. August 1784 wurde das Allgemeine Krankenhaus eröffnet. Es gab hier vier Klassen: die 1. – Einbettzimmer à 1 Gulden pro Tag, die 2. – Mehrbettzimmer, pro Bett 30 Kronen am Tag, 3. – von Stiftungen finanziert, 4. – für Arme, kostenlos.

Immer wieder wurde erweitert, seit 1859 hatte das Spital zwölf Höfe. 1994 wurde diese Zahl um einen Hof reduziert, die benachbarte Nationalbank benötigte einen Bauplatz.

Der bekannteste Teil im Alten Allgemeinen Krankenhaus ist das ehemalige »Tollhaus« – von den Wienern »Gugelhupf« genannt. Den Spitznamen verdankt das Gebäude seiner Form: Der »Narrenturm«, 1784 errichtet nach Plänen von Josef Gerl, ist ein runder Bau, fünf Stockwerke, jeweils 28 Räume.

Er galt als eine moderne, menschenfreundliche Einrichtung, aber schon um 1800 war diese Meinung überholt. Nicht überholt war hingegen der Blitzableiter, der schon 1784 auf das Dach gesetzt worden war. Seine Majestät interessierte sich eben nicht nur für Pariser Erfindungen oder das Leben am Spittelberg, sondern auch für die Versuche des Prämonstratensermönchs Prokop Diviš. Er hatte an seinem Pfarrhaus in Brenditz, heute Znojmo, Mähren, einen Blitzableiter installiert und Versuche gemacht, auf Basis der Experimente von Benjamin Franklin und Giuseppe Beccaria. Die metallenen Reste dieser frühen Installation an der Turmmauer gelten als die einzigen erhaltenen Beweise der Welt für diese Pioniertaten.

Bis 1866 brachte man noch Patienten in den Gugelhupf, dessen Funktion sich danach geändert hat; der Name blieb im Wienerischen erhalten. Nun wurde hier ein Archiv installiert. Seit 1971 ist der Bau ein Museum – dessen Vorläufer schon 1796 gegründet wurde, als Museum des Pathologisch-Anatomischen Instituts. Heute ist es die größte einschlägige Sammlung der Welt, für deren Besuch man allerdings starke Nerven braucht.

Nach dem Zweiten Weltkrieg begann man mit der Planung eines neuen AKH. 1991 wurde es eröffnet. Nach der Übersiedlung ist aus dem alten Spital der heutige Universitätscampus geworden. Auf der Basis einer umfassenden Studie aus dem Jahr 1988 wurde eine »ARGE Architekten Altes AKH« eingerichtet, 1998 waren die Umbauarbeiten abgeschlossen. Der Campus wird nun von mehreren universitären Einrichtungen genutzt – und auch von Menschen, die nichts mit Lernen oder Lehren im Sinn haben. Im ersten Hof kann man sommers und winters gut essen und trinken. In den anderen Höfen sind Hörsäle und Bibliotheken zu finden, zahlreiche Institute, von Afrikawissenschaften über Kunstgeschichte bis zur Sinologie.

Das alte AKH – der moderne Campus

Vom Universitätscampus stadtauswärts kann sich die Alser Straße nicht entscheiden, ob sie zur Josefstadt oder zum Alsergrund gehört: linke Seite – 8. Bezirk, rechte Seite – 9. Bezirk. Erst bei der Kinderspitalgasse führt der Weg gerade weiter über den Alsergrund, geht links ab in die Josefstadt – und zwischen beiden Wegen steht schon wieder ein »Dreilauferhaus«. Während der Vorläufer in der Inneren Stadt schon lange in das Reich der ewigen Baugründe eingegangen ist und das Dreilauferhaus in der Neubaugasse nicht mehr als solches zu erkennen ist, prunkt dieses Gründerzeitgebäude mit einer lebensgroßen Darstellung dreier herrschaftlicher Laufer, wie sie zu Beginn des Josefstadt-Kapitels beschrieben wurden: ein Werk des Bildhauers Viktor Tilgner.

Die drei Laufer – Dachfiguren von Viktor Tilgner am Dreilauferhaus Wien IX.

Im Vorgängerbau aus dem Jahr 1885 ist der Volksdichter Ludwig Anzengruber zur Welt gekommen. Ihm hat man eine Gedenktafel gewidmet, sein Porträt schmückt das Haustor. Freilich wird sich mancher Flaneur fragen, wer denn dieser Dichter war, seine Dramen sind aus der Mode gekommen. Manche haben immerhin bekannte Namen – *Der Pfarrer von Kirchfeld*, *Der Meineidbauer*, *Das vierte Gebot*. Der Dichter hatte eine bedeutende Verehrerschar, auch unter Kollegen und anderen Künstlern. Man traf sich jeden Freitag im »Blauen Freihaus« in der Gumpendorfer Straße oder im »Goldenen Löwen« in der Kochgasse, in der Josefstadt. »Anzengrube« nannte sich die Runde, prominente Mitglieder waren Vinzenz Chiavacci, der Burgschauspieler Josef Lewinsky, die

Jakob Alt, Blick aus dem Atelierfenster auf Alsergund, Dornbach

Mitglieder der Künstlerfamilie Alt. Eine Reihe der Werke Anzengrubers ist dank vieler Filme nicht in Vergessenheit geraten.

Schräg gegenüber, Alser Straße 8, stand das Wohnhaus einer Malerfamilie, deren umfangreiches Œuvre seit vielen Jahren jeder Sammlung, jeder fürstlichen Galerie, jedem Museum große Kunst geschenkt hat – nein, halt, von geschenkt kann hier nicht die Rede sein. Der Vater Jakob Alt, die Söhne Franz Alt und Rudolf von Alt waren keine Not leidenden Dachkammerbewohner, sie bekamen gute Preise für ihre Veduten und Straßenszenen. Von der Wohnung war es nicht weit in die Josefstadt, in das Atelier in der Skodagasse. Hier hat Rudolf von Alt ab 1841 auf Nr. 11 gewohnt, hier ist er auch gestorben.

Sein Vater Jakob, der den Söhnen schon früh Unterricht im Malen gab, wohnte ab 1828 am Alsergrund, im Haus »Zum Mohrenköpfel«, heute Mariannengasse 30. Er durchreiste Österreich schon in jungen Jahren, schuf Lithografienserien zum Salzkammergut und Landschaften an der Donau. Er und seine Söhne fanden Käufer in großen Adelsfamilien, Franz vor allem bei den Esterházy, Jakob und Rudolf sogar am Kaiserhof. Ferdinand I. kannte seine Länder weniger aus eigener Anschauung, eher aus den Aquarellen von Alt senior und junior und anderen bedeutenden Malern der Zeit wie Eduard Gurk oder Leander Russ.

Rudolf Ritter von Alt war ein ungemein eindrucksvoller Herr. Bei der Revolution 1848 stand er an der Seite der Bürgergarde, bald aber war er mehr fürs zivile Leben und malte sich kreuz und quer durch Europa. Vor allem in Deutschland und Italien hat er seine Staffelei aufgestellt, in Venedig, München, Rom, Orvieto, Florenz. Aber auch die Krim hatte es ihm angetan.

Wir jedoch wollen lieber ein Beispiel seines umfangreichen Werks zeigen, mit dem die Kenner der Alt-Veduten eventuell nicht vertraut sind:

Rudolf von Alt.
Die Eisengießerei in der Skodagasse

Die rechte Seite der Alser Straße könnte eigentlich auch Josefstadt heißen, freilich nicht nach dem I., sondern nach dem II. benannt. Denn dieser eminent tatendurstige Monarch hat hier vielfältige Spuren gezogen – die auffälligste und umfangreichste ist sein großes Krankenhaus, aber da sind oder waren noch das Josephinum, die Alser Kaserne, das Garnisonsspital.

Der schöne, symmetrische Arkadenhof der Kaserne ist längst Geschichte, ersetzt durch den Otto-Wagner-Platz. Hier waren die Bosniaken zu Hause, wenigstens zeitweise. 1912 wurde der Bau demoliert.

Das Garnisonsspital, errichtet 1787, ging zu Beginn des 20. Jahrhunderts in das große benachbarte AKH ein. Neben seinem Gebäude, das das Ende der Institution überlebt hat, steht die frühere medizinisch-chirurgische Militärakademie, nach ihrem

Gründer »Josephinum« genannt. Ein Militärarzt aus der Lombardei hatte Karriere gemacht: Giovanni Alessandro Brambilla. Er hatte ab 1779 die Leitung des gesamten österreichischen Militärsanitätswesens inne. So konnte er seinen Plan in die Tat umsetzen, eine Verbesserung der akademischen Bildung der Militärchirurgen zu erreichen. Das Institut bestand mit Unterbrechungen bis 1874, seither dient es als Museum anatomisch-pathologischer Präparate. Heute ist hier auch der Sitz des Instituts für Geschichte der Medizin. Das Museum selbst und die historische Apotheke lohnen den Besuch auch für medizinische Laien.

Eine Spur der barocken Medizinpraxis kommt von Karl VI., Josephs Großvater. Der römische Kaiser konnte sich bis zu seinem Lebensende niemals von seiner spanischen Vergangenheit lösen, mit Karlskirche und Hofzeremoniell, der Erwähnung von Córdoba, den Kanarischen Inseln, von Navarra, Toledo, Sevilla etc. im Großen Titel, immerhin noch Katalonien im sogenannten Kleinen Titel. Das Recht auf den Titel »König von Spanien« war Karl im Friedensschluss von 1725, der endlich den Spanischen Erbfolgekrieg beendete, zugesprochen worden. In der heutigen Boltzmanngasse, die schräg gegenüber vom Josephinum von der Währinger Straße abzweigt, installierte er ein Spital für die vielen Höflinge und Militärs, die ihm aus Barcelona nach Wien gefolgt waren. Bis 1785 bestand das Krankenhaus, das auch einmal einen Großen der ersten Wiener Medizinischen Schule, Leopold Auenbrugger, zum Primarius hatte, den Erfinder der Percussionsmethode bei Brustuntersuchungen. Die Gasse bekam den Namen »Am Spanischen Spitalberg«. Nach der Verlegung des Spanischen Spitals in das eben fertiggestellte Allgemeine Krankenhaus wurde das Waisenhaus am Rennweg aufgelassen, das Spital übernahm dessen Funktion, bis es 1914 zum Priesterseminar wurde.

Das Gebäude an der Ecke Boltzmanngasse und Währinger Straße ist Sitz des Chemischen Instituts der Universität Wien.

Hier ist das Bäckenhäusl gestanden, das einen irreleitenden Namen trägt. Zwar hat es ein Bäcker erbaut, einst, um 1500 herum. Doch dann hat sich bald auch dieses kleine Haus an der Umgebung angesteckt und wurde Bürgerspital, also Armenhaus, und dann wirklich Spital, nämlich für Pestkranke. Später wurden Unheilbare aller Art hierhergebracht, bis endlich 1868 das Häusel seine Funktion aufgeben und sich der Tabakregie widmen konnte. Vor ihm stand allerdings viele Jahre eine Steinsäule, vom Zunftmeister der Bäcker 1506 errichtet, das Bäckerkreuz. 1933 wurde es in die Florianigasse 13 übersiedelt, in den Hof der Bäckerinnung.

Geht man durch die Boltzmanngasse weiter stadtauswärts, zu fahren ist nicht möglich, denn ab der US-Botschaft ist die Durchfahrt gesperrt, so kommt man bei der Strudlhofgasse zur berühmten Strudlhofstiege. Sie verdankt ihre Bekanntheit nicht ihrem schönen Aussehen, sondern einem Hauptwerk von Heimito von Doderer, dessen Handlung hier angesiedelt ist.

Die Strudlhofstiege

Palais Strudlhof innen

Zuerst aber kommen wir zum Namensgeber Peter Strudel, er kam aus dem Trentino. Gemeinsam mit seinem Bruder Paul wurde er zum kaiserlichen Hof- und Kammermaler ernannt. Das muss ein überaus anständiges Auskommen bedeutet haben, denn er konnte sich schon wenige Jahre nach seiner Ankunft in Wien ein Palais erbauen. In dem Neubau begründete er eine private Kunstschule, wie es sie sonst nur in Frankreich und Italien gab. Schon bald wurde diese Schule vom Staat unterstützt, 1705 unter Joseph I. zur Kaiserlichen Akademie erhoben. Mit Strudels Tod starb auch seine Akademie, und das Palais wurde zum Pesthaus. Nach und nach verfiel das Gebäude, wurde einmal da und dann wieder dort verkleinert und war 1873 endgültig verschwunden. Der Nachfolgebau aber übernahm den Namen, und so steht auch heute in der Strudlhofgasse ein palaisartiges Gebäude, das an den Glückspilz von einst erinnert. Allerdings erinnert es auch an einen Mann, der im entscheidenden Augenblick seines Lebens nicht von Glück begleitet war, den k. u. k. Minister des Äußeren Leopold Graf Berchtold. Er hatte 1905 das Palais Strudlhof gekauft, bewohnte es zeitweise und eben auch in den Wochen, da 1914 im Juli Krieg und Frieden abzuwägen waren. In diesem Palais wurde das Ultimatum an Serbien verfasst. Diese ungemein heikle diplomatische Aufgabe vertraute man einem erfahrenen Balkan-Kenner an, dem a. o. Gesandten Alexander Freiherr von Musulin. Er hatte schon den Text der Annexion von Bosnien-Herzegowina 1908 geschrieben.

Heimito von Doderer ist in Hadersdorf-Weidlingau geboren worden, im 14. Bezirk. Er lebte nach seiner Rückkehr aus der russischen Kriegsgefangenschaft 1920 in der Josefstadt, Buchfeldgasse. Am Alsergrund war er auch einige Zeit zu Hause, am Althanplatz 6, dem späteren Julius-Tandler-Platz. Das ist auch die Adresse der Romanfigur Mary K., eine der vielen Personen des Romans *Die Strudlhofstiege oder Melzer und die Tiefe der Jahre*. Dieses frühe geniale Werk, 1951 erschienen, hat den Dichter auf der Stelle berühmt gemacht, eine komplexe Darstellung Österreichs auf 900 Seiten. Die Qualität der Sprache stellt den Wiener an die Seite des Parisers Marcel Proust. Doderers Strudlhofstiegengedicht, dem Roman vorangestellt, ist seit 1962 in Stein gemeißelt an der Stiege zu sehen:

Auf die Strudlhofstiege zu Wien

Wenn die Blätter auf den Stufen liegen
herbstlich atmet aus den alten Stiegen
was vor Zeiten über sie gegangen.
Mond darin sich zweie dicht umfangen
hielten, leichte Schuh und schwere Tritte,
die bemooste Vase in der Mitte
überdauert Jahre zwischen Kriegen.
Viel ist hingesunken uns zur Trauer
und das Schöne zeigt die kleinste Dauer.

Der Roman handelt immer wieder auf der Stiege selbst und rundum am Alsergrund. So spielt die Kurve der Straßenbahn in der Alserbachstraße eine Rolle – dort sieht es heute wieder so aus wie im Jahr der Handlung 1911, wie in Doderers Alsergrundjahren. Denn die Markthalle, erbaut 1879/80, der schon der Untergang zugedacht war, konnte sich behaupten, als letzte ihrer Art, dank der Generalsanierung und Rekonstruktion durch die Wiener Stadtväter, die freilich nicht in allen solchen Fällen väterlich handeln.

In diesem Alserbachkapitel findet sich ein Foto von der »Wäscherburg am Schubertgrund«, der Fotograf war Joseph Mutterer. Er ist in der Servitengasse 9 im Jahr 1834 geboren worden, wohnte an verschiedenen Adressen, mehrmals in der Nussdorfer Straße. Sein Vater Albin hatte in der Markthalle ein Atelier – er war ein Fotopionier, Daguerrotypist, Mitglied der 1861 in Wien gegründeten »Photographischen Gesellschaft«, der

Wäscherburg am Schubertgrund,
Wohnort der Wäscherinnen am Währinger Bach, 1880

ersten im deutschsprachigen Raum. Im Juli 1873, Albin Mutterer war 67 Jahre alt, explodierte in seinem Atelier eine Spiritusflasche, der Brand brachte Geräte in Gefahr, Mutterer war bemüht, die wertvolle Camera obscura zu retten. Dabei zog er sich schwerste Verletzungen zu – an denen er wenige Tage später starb. Sein Sohn Joseph hat das Atelier in der Markthalle übernommen.

Doderer ist 1956 in die Währinger Straße 50 übersiedelt, dort lebte er bis zu seinem Tod am 23. Dezember 1966. Das Bezirksmuseum birgt zahlreiche Devotionalien dieses Meisters österreichischer Sprache, Geschenke seiner Witwe.

Nun bleiben wir in der Währinger Straße, manches ist doch noch zu sagen. Fast am Beginn, neben der Votivkirche, steht ein auffälliges Gebäude auf Nr. 10, das alte Chemische Institut, erbaut von Heinrich Ferstel 1869–1872, ein Ziegelrohbau im Renaissancestil.

Gleich an zwei der bedeutendsten Komponisten – nicht Österreichs, der Musikwelt – lässt sich hier denken. Anton Bruckner wohnte auf Nr. 41 von 1868 bis 1876. In diesen Jahren erlebte er die ungeteilte Anerkennung des hauptstädtischen Publikums. Die *F-Moll Messe* wurde in Wien 1872 zum ersten Mal gespielt, die *Messe in E-Moll* bereits 1869 in Linz. Reisen als Orgelvirtuose brachten ihn nach Paris, Nancy und London, stets wurde er gefeiert und bewundert. Die Serie der Erfolge geriet mit der Uraufführung der *Symphonie Nr. 2* im Jahr 1873 ins Stocken. Ab diesem Jahr begann die Gegnerschaft zu dem Kritiker Eduard Hanslick, die bald zu gehässigen Beleidigungen des zuerst geschätzten Komponisten führte.

Wolfgang Amadé Mozart hat in einem Gartenhaus in der Währinger Straße 26 den Text von Lorenzo da Ponte zu *Così fan tutte* in Noten gesetzt, eine Gedenktafel berichtet davon.

Bis zum Währinger Gürtel verläuft die Straße noch im Bezirk Alsergrund, bevor sie den namengebenden 18. erreicht. Das Grundstück an der Ecke auf Nr. 78 trägt einen Theaterbau der

Architekten Alexander Graf und Franz Krauß. Eröffnet 1898 als Kaiser-Jubiläums-Stadttheater für Franz Joseph, entbehrte das Haus von Beginn an die Gunst der Musen. Der Antisemit Adam Müller-Gutenbrunn hatte schon das neue Raimund Theater in kurzer Zeit ruiniert, nun wiederholte er sein Werk an einer anderen Stelle der Gürtelstraße. Er beschäftigte ausschließlich »christliche Künstler«, mit denen er deutschnationale Propaganda machte. Wurde es zu arg, so griff die Statthalterei mit Verboten ein, das trug neben den schwachen Besucherzahlen zum Konkurs in nur fünf Jahren bei. 1903 übernahm ein neuer Direktor das Haus, wandte seine Gunst nun weniger der fröhlichen Thalia und dem Lustspiel, sondern mehr und mehr der nicht minder fröhlichen Polyhymnia und dem Musiktheater zu. Ab 1908 führte das Haus den Namen Volksoper, wurde für einige Jahre das Neue Wiener Schauspielhaus und mutierte mit dem Neubeginn Österreichs 1945 endgültig zur Volksoper. Das Haus steht seit Jahren unter einem glücklichen Stern, einst mit Franz Salmhofer, seit 2007 unter der Direktion von Robert Meyer. Die vielen gastronomischen Betriebe rund um das Theater partizipieren an seinem Erfolg, das Volksopern-Café, das Weimar.

Dem Café Weimar, in dem wir bald ankommen wollen, schräg gegenüber steht ein Stück österreichischer Technikgeschichte. Das war einmal die Lokomotivenfabrik Georg Sigl, Währinger Straße 59. Sie produzierte bis zur großen Krise 1873 Dampfmaschinen, Kessel, Papiermaschinen, aber auch den Dachstuhl der Votivkirche. Ab 1867 erzeugte Sigl Lokomotiven. Auch Zweitaktmotoren, Erfindungen des Automobilpioniers Siegfried Marcus, wurden hier hergestellt. Der Gründerkrach mit dem berüchtigten Schwarzen Freitag vom 9. Mai 1873 brachte dem Unternehmen Sigls das Ende, nur ein Teil der Maschinenfabrikation blieb ihm erhalten. Ab 1884 hatte in dem Haus das Technische Gewerbemuseum seinen Sitz, eine Lehranstalt, an der Hanns Hörbiger studiert hat.

Das Haus Nr. 68 wurde 1880 nach dem Plan des berühmten Theaterarchitektenbüros Helmer & Fellner erbaut. 1900 wurde das Café Orléans eröffnet, das im Ersten Weltkrieg seinen Namen ändern musste, Krieg ist Krieg, und Frankreich war ein Feind. Eine eigene Publikation *Deutsch in den Gaststätten!* sorgte für die Ausrottung der Gegnersprache – Purée wurde Kartoffelbrei, Chateaubriand war sowohl ein dickes Fleischstück am Grill als auch ein feindlicher Schriftsteller, Sauce à la maître d'hotel wurde Haushofmeistertunke und Orléans war nun Weimar.

Auch Heimito von Doderer zählte zu den Frequentanten des Café Weimar, er hatte dort einige Jahre lang einen Stammtisch.

Ein anderer Großer der österreichischen Literatur lebte einst in der Porzellangasse 37, Leo Perutz. Dieser Meister des phantastischen Romans schuf spannende Handlungen, von magischer Atmosphäre geprägt. Seine Werke spielen immer wieder in Wien – *Zwischen neun und neun*, *Der Meister des Jüngsten Tages*, *Mainacht in Wien* (Fragmente aus dem Nachlass).

Ein Autor von ganz anderer Art lebte an einer weltberühmten Adresse – wird sie genannt, weiß man, um wen es geht. Sigmund Freud lebte und ordinierte in der Berggasse 19. Er stammte aus dem Kronland Markgrafschaft Mähren, kam 1856 in Freiberg zur Welt, 1860 übersiedelte die Familie nach Wien.

Freud studierte Medizin, promovierte 1881, sein Dissertationsthema lautete *Über das Rückenmark niederer Fischarten*. Da war also noch keine Rede von Traumdeutung und Ödipuskomplex.

1885 unternahm Sigmund Freud eine Studienreise nach Paris. An der psychiatrischen Klinik Salpêtrière wirkte Jean Martin Charcot, der einen erstklassigen Ruf hatte. Er ist der Begründer der modernen Neurologie. Er erkannte Hysterie als Krankheit, setzte Hypnose zur Heilung ein, gab sein Wissen an Freud weiter.

1885 – Freud habilitiert sich an der Universität Wien, wird Privatdozent für Neuropathologie, 1886 heiratet er in Hamburg

Martha Bernays aus angesehener Rabbinerfamilie. 1891 zieht er mit seiner Familie in den Neubau in der Berggasse. Das alte Haus war abgerissen worden, das Wohnhaus Victor Adlers. Diese Adresse wird Weltruhm erlangen, hier hatte Sigmund Freud bis zu seiner Emigration 1938 seine Praxis, hat seine Bücher und andere Schriften verfasst.

Das heutige Museum zeigt eine umfangreiche Dokumentation von Leben und Werk Freuds. Noch eine Anmerkung zu der berühmten Adresse: Zwischen Sigmund Freud und Victor Adler gab es nicht nur diese Verbindung. Beide Herren stammten aus Mähren, beide kamen im Kindesalter mit ihren Familien nach Wien. Beide haben Medizin studiert. Adler wurde der Vorgänger Freuds als Assistent des bedeutenden Gehirnanatomen Theodor Meynert. Und beide haben sich beim berühmten Charcot in Paris über dessen Forschungsergebnisse informiert. Victor Adler spielt eine Hauptrolle in Österreichs Geschichte – Freud in der Welt.

Theodor Herzl auf einer Briefmarke

Der große Seelenarzt ist ohne jede Frage einer der einflussreichsten Menschen im geistigen Leben des 20. Jahrhunderts gewesen. Umso erstaunlicher ist es, dass in derselben Gasse, zur selben Zeit ein zweiter Weltbeweger zu Hause war – Theodor Herzl. Er lebte in den wichtigen Jahren ab dem Erscheinen seines Buchs *Der Judenstaat*, verlegt bei Breitenstein in der nahen Währinger Straße 5 im Februar 1896, im Haus Berggasse 6. Sicher sind die beiden Männer, der Mediziner und der Jurist, einander hin und wieder in der doch recht engen Gasse begegnet ... Ob sich da in ihnen eine Ahnung von der Bedeutung des Herrn auf der gegenüberliegenden Straßenseite geregt hat?

Ganz nahe, in der Frankgasse 8, wird das Gedenken an einen anderen Theodor gepflegt – Billroth. Das Haus, das seit 1919 den Namen des großen Chirurgen trägt, ist der Sitz der Gesellschaft der Ärzte in Wien. Am 25. Oktober 1893 wurde das neu errichtete Gebäude vom Präsidenten der Gesellschaft, Theodor Billroth, eröffnet. Auch er war am Alsergund zu Hause, nahe dem AKH, nahe der Universität, in der Kolingasse 6.

In der Frankgasse wohnte ein anderer Arzt, ein Laryngologe, der sich einen ganz großen Namen gemacht hat. Auf Nr. 1 hatte Arthur Schnitzler seine Praxis. Das Bezirksmuseum bietet auch einen Schnitzler-Raum.

Wie Sigmund Freud, so hat auch Arthur Schnitzler tief in die Seelen seiner Mitmenschen geblickt. Der Arzt Freud hat dem Arzt Schnitzler einst gesagt, dass er dessen Seelenscharfblick bewundere, in einem Brief: »Ich habe mich oft verwundert gefragt, woher Sie diese oder jene geheime Kenntnis nehmen konnten, die ich mir durch mühselige Erforschung des Objekts erworben, und endlich kam ich dazu, den Dichter zu beneiden, den ich sonst bewundert. So habe ich den Eindruck gewonnen, daß Sie durch Intuition – eigentlich aber infolge feiner Selbstwahrnehmung – all das wissen, was ich in mühsamer Arbeit an anderen Menschen aufgedeckt habe.«

Die Liste der Gebäude und Andenken am Alsergrund, die unter Denkmalschutz stehen, ist sehr lang: 127 Objekte verschiedener Art. Für jedes intakte historische Gebäude ist man bei einem Spaziergang dankbar, und hier gibt es einige. Ganze Straßenzüge, wie etwa auf der Wieden die Freundgasse, wird man im 9. Bezirk zwar nicht finden, manchmal trifft man auf kleine Gruppen, immerhin. So bleibt der Blick an den Häusern Reznicekgasse 12, 14, 16 hängen – zum Teil frühes 18. Jahrhundert, zum Teil Rekonstruktion und als kleines Ensemble sehr

Lichtental, Foto 1962

schön. Auch die ganz kurze Thurngasse hat etliches zu bieten, erst recht die Boltzmanngasse! Dort waren wir schon, beim Strudlhof, beim Bäckerkreuz. Das Chemische Institut steht an der Stelle des armseligen einstigen Bäckenhäusels, die Fassade wird vom kaiserlichen Doppeladler dominiert. Überhaupt macht die Gasse den Eindruck, es gebe noch die Monarchie, prunkvolle Giebel, Kronen, ein fürsterzbischöfliches Wappen. Weil von intakten Ensembles die Rede ist, müssen eindrucksvolle Hauptstraßenzüge wie die Nussdorfer, die Währinger, die Liechtensteinstraße, die Porzellangasse noch warten.

Denn in der schmalen Marktgasse gibt es ein Überangebot. Hier sind wir in Lichtental, einem eigenen Dörfchen, gewachsen auf Liechtenstein'schen Gründen. Die Kirche in der Marktgasse heißt zwar korrekt wie ihre Pfarre, aber ihr Ehrenname ist Schubertkirche. In der Lichtentaler Kirche haben die Eltern des Komponisten 1785 geheiratet, in diesem Gotteshaus ist am 1. Februar 1797 Franz Schubert getauft worden. Seine Beziehung zu seiner Taufkirche blieb ihm sein Leben lang erhalten. Er bekam seinen ersten Musikunterricht von seinem Vater, dann vom Regens Chori, Michael Holzer, wirkte bei der Kirchenmusik mit, als Sänger, Streicher, an der Orgel. Später war Antonio Salieri einer seiner Lehrer.

Sein Bruder Ferdinand war von 1810 bis 1820 Organist der Liechtenthaler Kirche, wie der Name zu dieser Zeit noch geschrieben wurde. Zum 100-Jahr-Jubiläum hat Franz Schubert die *Messe in F-Dur* komponiert, hat ihre Aufführung selbst geleitet und hatte mit seinen 17 Jahren einen glänzenden Erfolg. Diesem ersten öffentlichen Auftritt am 16. Oktober 1814 folgte zehn Tage später die Aufführung der Messe in der Hofkirche St. Augustin, und auch vor den erfahrenen Musikern, die sich da von einem halben Kind leiten ließen, fand er Bewunderung. Die Wohnung des jungen Elternpaars Schubert lag im Ortsteil Himmelpfortgrund, ganz nahe bei Lichtental. Beide Vorstädte wurden zumeist von kleinen Handwerkern und armen Taglöhnern bewohnt. Der Vater Franz Theodor aber war Lehrer. Dennoch lebten die Schuberts unter außerordentlich engen Bedingungen – im Haus »Zum rothen Krebsen«, heutige Adresse Nussdorfer Straße 54, einstöckig, lebten rund 70 Menschen in 16 Wohnungen. Im oberen Geschoß Familie Schubert – eine Rauchkuchl, ein Wohnraum. Hier gebar die Mutter, geboren als Elisabeth Vietz und bis zur Hochzeit als Köchin beschäftigt, 14 Kinder. Franz Peter war das zwölfte Kind. Nur fünf Kinder blieben am Leben, neben Franz Peter die Buben Ignaz, Ferdinand und Karl und die Schwester Therese. Vater Franz Theodor mietete in diesem Hause einen Raum für seine Trivialschule, im Parterre. Diese einfachste Unterrichtsform sollte dazu dienen, »gute und geschäftige Menschen zu machen«. 140 Schüler aus den ärmsten Kreisen wurden hier von Vater Schubert unentgeltlich unterrichtet. Die Einnahmen solcher Trivialschullehrer waren sehr gering und blieben es, selbst wenn sie Direktoren ihrer bescheidenen Institute geworden waren. Schubert senior brauchte zusätzliche Einnahmen, um die Familie erhalten zu können, er gab Privatstunden.

Nahe dem Geburtshaus Schuberts findet sich eine weitere Pilgerstätte, in der Säulengasse 3. Die finanzielle Lage der Familie besserte sich zusehends, die Familie übersiedelte 1801 in das Haus »Zum schwarzen Rössel«, wo nun auch die Schule mehr Raum hatte. Bis 1826 blieb das Haus in Schubert-Besitz. In diesen Mauern sind viele bedeutende frühe Werke entstanden – *Erlkönig*, *Gretchen am Spinnrade*, *An Schwager Kronos*, insgesamt an die 250 Lied-Kompositionen.

Wie nahe der Komponist seiner Heimatstadt stand, wird in seinen Werken immer wieder deutlich. Robert Schumann hat die Wien-Nähe seines Kollegen in einer Betrachtung der *C-Dur Symphonie Nr. 8*, »Die Große«, beschrieben: »Es ist wahr, dies Wien mit seinem Stephansturm, seinen schönen Frauen, seinem öffentlichen Gepränge, und wie es von der Donau mit unzähligen Bändern umgürtet, sich in die blühende Ebene hinstreckt, die nach und nach zu einem höheren Gebirge aufsteigt, dies Wien mit all seinen Erinnerungen an die größten deutschen Meister muß der Phantasie des Musikers ein fruchtbares Erdreich sein. Bei der Symphonie von Schubert, dem hellen blühenden Leben darin, taucht mir heute die Stadt deutlicher als je wieder auf, wird es mir wieder recht klar, wie gerade in dieser Umgebung solche Werke geboren werden können.«

Franz Schubert hatte als junger Mann seinen Vater im Schuldienst unterstützt, dann diese Arbeit quittiert. Später bekam er eine Stelle in der Allgemeinen Hofkammer, das entspricht dem Finanzministerium, deren Leiter war Hofrat, später Finanzminister Johann Philipp Graf Stadion. Er hatte ein Faible für künstlerisch begabte Menschen und keines für akribisch eingehaltene Dienstzeiten. Der Komponist Schubert und der Poet Grillparzer gehörten zu den Nutznießern dieser klugen Haltung. Aber das war eine kurzfristige Ausnahme – Schuberts Bewerbungen um Kapellmeisterstellen blieben ohne Erfolg. Er verdiente hin und wieder an verlegten Werken, und er konnte dank guten Freunden leben – und derer besaß er viele.

Der Schubertgrund blieb lange eine arme Gegend, Lichtental war ein regelrechtes Elendsviertel. Die noch nicht kanalisierten Wienerwaldbäche – der Alserbach, der Währinger Bach, der Döblinger Bach trugen das Ihre zu den Sorgen der Menschen bei – Gestank, Seuchengefahr, Überschwemmungen.

Die Wienerwaldbäche wurden bis zur Jahrhundertwende um 1900 beinahe alle überwölbt und in Rohre geleitet. Einige dieser 27 Gewässer dürfen sich auch heute noch frei bewegen – der Halterbach und der Mauerbach in Penzing, Gütenbach und Liesingbach in Liesing. Ein einziger Straßenname im 9. Bezirk erinnert an das darunter verborgen fließende Bächlein, die Alserbachstraße. Wer zwischen Lustkandlgasse und Wilhelm-Exner-Gasse den Bertha-Löwi-Weg geht, spaziert am unsichtbaren Währinger Bach entlang. Weshalb überhaupt kann es diesen Weg geben – weil die einstigen Bauverbote an den Bachufern immer wieder zu unverbauten Flächen geführt haben.

3,14 km lang ist die Währinger Straße und führt vom inneren Wien über den Alsergrund nach Gersthof und übergibt nun ihren Namen an den Bezirk Nr. 18, Währing. Sie ist eine der wichtigsten Straßen Wiens, und weil von ihr rund um Heimito von Doderer schon intensiv die Rede war, wollen wir sie jetzt in Ruhe lassen.

Die Liechtensteinstraße wartet ohnehin schon länger – sie durchzieht fast alle Bezirksteile. Sie beginnt im Zentrum und quert dann die Alservorstadt, den Himmelpfortgrund, Lichtental, die Rossau und endet in der Vorstadt Thurygrund. Auf diesem Weg gibt es die Hausnummer 74 – mehrmals in Doderers *Strudlhofstiege* genannt – und vor der Hausnummer 108 die gar erschröckliche Geschichte, deren Folge das Prälatenkreuz war und ist! Die Säule musste mehrmals den Platz wechseln, und diese Moritatenandeutung des Autors vor zwei Zeilen ist fehl am Platz. Denn es war wirklich eine furchtbare Geschichte.

Am 26. Juni 1779 war der Klosterneuburger Probst nach Visitationen in Wien frohgemut auf dem Heimweg. Sein Wagen fuhr am Pulvermagazin vorbei, das seit 1740 auf Kriegszeiten wartete. Aus welchem Grund auch immer – der Pulverturm explodierte in diesem Augenblick. Der Wagen des Probstes stürzte um, eines der Pferde wurde von einer Kugel tödlich getroffen – Hochwürden war unversehrt. Das war nun in der Tat beinahe ein Wunder. Die komplette Wachmannschaft starb, 25 Soldaten, und mit ihr 67 Bewohner der näheren Umgebung. Selbst die fernere Umgebung war betroffen – Trümmer flogen bis in den Augarten, der fast neue Hochaltar von Maria am Gestade stürzte ein.

Der Schutz der Vorsehung war dem Probst Ambros Lorenz viel wert. Er ließ dem Patron von Klosterneuburg und von Österreich, Leopold dem Heiligen, eine Säule errichten, »damit die Erinnerung an die erwiesene Gnade lebendig bleibe«.

Wo die Liechtensteinstraße die Alserbachstraße kreuzt, steht eines der wichtigsten Gebäude, nein, das wichtigste Gebäude dieses Stadtviertels. Denn mit diesem Gartenpalais hat Lichtental seinen Anfang genommen. Erst kam der Grunderwerb durch Fürst Johann Adam, dann die Parzellierung und die Besiedelung. Zu Baubeginn war der Architekt Domenico Rossi am Werk, dem von 1700 bis 1711 Domenico Martinelli folgte, der zum Hofarchitekten der Liechtensteins wurde. Das prachtvolle Portal in der Fürstengasse ist weit jünger und soll ein Werk von Joseph Kornhäusel sein, der immer wieder für das Haus Liechtenstein gearbeitet hat. Hier war früher die berühmte fürstliche Kunstgalerie situiert, die auch heute wieder hier, aber auch im Stadtpalais in der Bankgasse untergebracht ist.

Die große Straße führt noch bis zum Lichtenwerd, da geht es nun weiter nach Heiligenstadt und Nussdorf.

Parallel verläuft die Nussdorfer Straße, die zum Erzählen zwingt. Von der Markthalle an der Ecke und von den Fotografen Mutterer, Vater und Sohn, war schon die Rede, ebenso vom Schuberthaus. Für die Wiener ist der Begriff »Auge Gottes« mit der oberen Hälfte der Straße eng verbunden, auch wenn sich jemand nicht viel mit Lokalgeschichte beschäftigt hat. Dort stand zuerst ein Gasthaus mit diesem Namen, heutige Hausnummer 75. Es lag direkt am Glacis, strategisch günstig für die Armee Windisch-Graetz, die nach Wien marschiert war, um der Revolution ein Ende zu machen. Im »Auge Gottes«, beim Wirt Wolfgang Geissler, zogen sie ein – und wurden bald von den Aufständischen vertrieben. Geissler geriet in Verdacht, es mit der Reaktion zu halten, die neuen Gäste redeten sich in Zorn und nur das Einschreiten ihres Kommandanten, Wenzel Messenhauser, verhinderte die Hinrichtung Geisslers. Nicht zu verhindern war die Zerstörung des Hauses, die Vertreter von Freiheit, Gleichheit, Brüderlichkeit zündeten dem Wirt das Dach an, das Wirtshaus brannte ab. Das wiederaufgebaute »Auge Gottes« stand dem Stadtbahnbau zu nahe, wurde abgerissen, 1895 wieder errichtet, und in dieser letzten Form ging es in das Bewusstsein der Wiener ein, als Hotel, Tanzsaal, manchmal Varieté. Zuletzt war es noch ein Kino, auch dieses ist geschlossen. Nun leben ein Studentenheim und eine Apotheke mit diesem befrachteten Namen und sind wahrscheinlich die besser passenden Namensträger.

Nussdorfer Straße 19 ist eine der wichtigsten Adressen in der Technikgeschichte Wiens. Hier wurde 1898 das erste Automobil der Welt mit Vorderradantrieb erdacht. Zwei Jahre zuvor hatten die Brüder Carl, Franz und Heinrich Gräf gemeinsam eine Fahrradwerkstätte übernommen. Sie waren eine ideale Arbeitsgemeinschaft – Carl war Schlosser, Franz war Wagner und Heinrich Elektriker und Mechaniker, sie hatten den praktischen Sinn von ihrem Vater geerbt, einem schlesischen Eisenhändler. Aber mit Fahrrädern hatten sie nicht viel im Sinn – Automobile! Ihr erster Kleinwagen, Voiturette genannt, war der Beginn einer Erfolgsserie bis zum heutigen Tag. Am 21.2.1900 das Patent für den Vorderradantrieb, 1901 steigt der finanzstarke Wilhelm Stift in die Firma ein, 1904 Übersiedlung der Werkstätte zuerst nach Währing, dann nach Döbling in die Weinberggasse. Da hatte der

Der Kaiserwagen von Franz Joseph I. wird in den Hofzug verladen.

Erfolg sich längst deutlich eingestellt – siebzig Mitarbeiter!! Der Firmensitz verblieb in Wien 9.

Das Oberststallmeisteramt meldete sich 1908 – eine große Ehre – und erwarb einen Wagen für den kaiserlichen Wagenpark. Dieses Automobil wurde auch auf Reisen mitgenommen.

Wenige Jahre später wurde ein zweiter Gräf & Stift angekauft, zu dem ich eine besondere Beziehung habe. Mein Vater war bei Gräf & Stift in leitender Position und erzählte mir eines Tages, man habe in der Schweiz ein Automobil von Kaiser Karl gefunden, er werde demnächst hinfahren und den Erwerb für die Firma durchführen. Es dürfte sich, meinte man zunächst, um einen Jagdwagen handeln, denn er sei ursprünglich grün lackiert gewesen. Aber das war ein Irrtum, grün war einfach die Farbe des kaiserlichen Fuhrparks. Der Wagen steht mittlerweile in der Wagenburg in Schönbrunn, restauriert, Besitz des »Vereins zur Förderung der historischen Fahrzeuge der österreichischen Automobilfabriken«.

Der bekannteste Wagen von Gräf & Stift wurde allerdings ein anderer, der dem Grafen Franz Harrach gehörte – das Automobil, in dem Thronfolger Franz Ferdinand und seine Gattin Sophie am 28. Juni 1914 in den Tod fuhren. Es steht, traurig-weltberühmt, im Wiener Heeresgeschichtlichen Museum.

Gräf & Stift ist in MAN-Besitz übergegangen, das Firmensymbol, der Löwe, hat überlebt, in vereinfachter Form. Die ursprüngliche Kühlerfigur war den Otto-Wagner-Löwen der Nussdorfer Schleuse nachgebildet. Aber die stehen dort und beobachten die Donau mit hoch erhobenem Schwanz, bei Löwen heißt das auch Rute … So war auch die Kühlerfigur, die immer mehr Taxis schmückte – zum Ärger der Fiaker. Jeder Wiener Rotzbub bekam nun pro abgebrochenem Schwanz eine Belohnung von den Fiakern. Also zog der Kühlerlöwe für alle Zeiten den Schwanz ein.

Der Gräf & Stift von Kaiser Karl I.

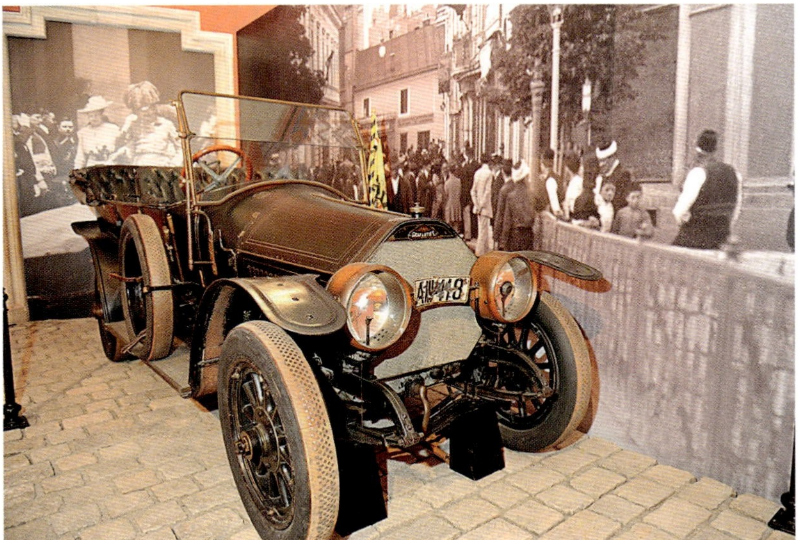

Das Unglücksautomobil von Sarajevo, 28. Juni 1914, in einer Ausstellung. Heeresgeschichtliches Museum Wien

Ein Themenschritt mit Siebenmeilenstiefeln – die Porzellangasse fehlt uns noch. Gar so groß ist dieser Schritt aber doch nicht, denn wir bleiben beim Thema Automobil. Nr. 2 – das Direktionsgebäude der Firma Jacob Lohner & Co. wurde 1876 errichtet, auch die Werkstatt hatte hier ihre erste Adresse, war aber mit wachsendem Erfolg vergrößert und deshalb verlegt worden.

Auch auf Nr. 4–6 bestand ein Wagner, die Hofwagenfabrik Armbruster. Sie hatte ebenso wachsenden Erfolg, bis es hier zu eng wurde und ein palaisartiges Gebäude in der Nähe erbaut und bezogen wurde, Ecke Müllnergasse.

Die Hausnummer 19 hat einiges zu bieten: Da gab und gibt es noch einen Theatersaal, gebaut 1912, der später zum Kino wurde. Er hat sich zurückverwandelt und besteht seit 1978 als Schauspielhaus. An derselben Adresse hatte der Wagenbauer A. Weiser seine Werkstatt, 1873 zum k. k. Hoflieferanten ernannt, sehr erfolgreich im Export. Die Firma bekam auch den Titel Kaiserlich-persischer Hoflieferant verliehen. Der Erfolg hielt an – nun wurden Automobile gebaut, im 19. Bezirk, und ab 1912 mit einer Neugründung, der Firma Aviatik in Essling, auch Flugzeuge.

Diese verschiedenen Wagenschmiede haben der Gasse einst den Namen gegeben – Schmiedgasse, erst später wurde sie nach der alten Porzellanfabrik benannt, die hier von 1721 bis 1864 ihren Sitz hatte.

Nr. 7A ist das Geburtshaus von Friedrich Torberg, der nach der Rückkehr aus der Emigration auf Nr. 36 gewohnt hat, bevor er sich ganz nach Breitenfurt zurückgezogen hat. Auf 33A war ab 1948 eine Koryphäe des deutschsprachigen Theaters zu Hause: Werner Krauß.

Nr. 51 erinnert an ein österreichisches Großprojekt, das seit Kaiser Joseph II. Österreich viel Geld und zuletzt der Zweiten Republik viele Sorgen gebracht hat – die Tabakregie. Hier war ihre Generaldirektion.

Servitenkloster, Eingang mit dem Piccolomini-Wappen

Auch in der nahen Servitengasse wurden Wagen gebaut, Lohner richtete auf Nr. 19 eine Werkstätte ein. Auf dieses späte Thema habe ich mich gefreut. Zwischen Porzellangasse, Seegasse und Rossau lebt man rund um die Servitenkirche unter glücklichen Umständen, beginnen wir mit Kirche und Kloster.

Die Rossauer Pfarrkirche ist ein Brennpunkt österreichischer Geschichte. Schon der Name Rossau erzählt – hier war die Au, der Weideplatz der Schifffahrtsrösser von den Donauschiffen. 1638 bekamen die Serviten von Kaiser Ferdinand III. die Erlaubnis, sich niederzulassen – genauer gesagt, Seine Majestät war froh darüber, denn man lag im gegenreformatorischen Kampf. 1651 wurde der Grundstein zu einem Kirchenbau gelegt. 1677 stand das Gotteshaus vollendet da – und hat sich seither kaum verändert. Es ist beim Heranrücken der Türken 1683 nicht geschleift worden und die osmanischen Soldaten haben ebenfalls die Kirche nicht zerstört. Die Ordensleute sind ab September 1683 in ihr Kloster zurückgekehrt. So ist es geblieben, die Serviten führten das Pfarramt, bis sie sich 2009 aus Wien zurückzogen. Der Nachwuchs blieb aus, der Konvent wurde geschlossen. Zu den letzten Taten gehörte die Rettung der Peregrinikapelle, dann reisten die allerletzten drei Serviten nach Innsbruck ab. Im September 2012 haben die Missionare des heiligen Borromäus die Pfarre und das Kloster übernommen.

Martin Carlone war der Architekt der Kirche, die mehrfach mit Italien, nicht nur mit Rom, verbunden ist. Vorbild für Carlone war der geniale Andrea Palladio, und seine Kirche wurde zum Vorbild für andere Wiener Kirchenbauten – Karlskirche, Peterskirche, Salesianerkirche, die allesamt über ähnliche ovale Kuppeln verfügen.

Unter einem der Altäre liegt das Grab eines weiteren Italieners, des Fürsten Octavio Piccolomini – ja, jenes Piccolomini, des Schiller'schen. Seine Biografie ist zu umfangreich, als dass sie hier länger beschrieben werden könnte, also nur eine kurze Skizze: Die Familie war in Siena in der Toskana zu Hause. Der Vater war ebenso Soldat wie die Brüder und viele spätere Familienangehörige. Die größte Karriere von ihnen hat zweifellos Octavio gemacht, der von seinem 17. Lebensjahr an Soldat war und den Dreißigjährigen Krieg vom ersten Tag an miterlebte. Zu seinen frühen Taten zählt die Verteidigung Wiens gegen die böhmischen Aufständischen unter dem Kommando des Grafen Matthias Thurn. Konsequent war der weitere Verlauf dieses sehr geraden Lebenswegs, denn Octavio hatte sich nun einmal für die kaiserliche Seite entschieden und blieb ihr treu. Als der Gegensatz zwischen Habsburg und Wallenstein sich dem dramatischen Höhepunkt näherte, war seine Haltung klar. Er hatte wie seine italienischen Landsleute das Doppelspiel des Generalissimus mit Argwohn beobachtet und nicht daran teilgenommen. Der Sturz und Tod Wallensteins machte Octavio Piccolomini zum Erben. Die Herrschaft Náchod, das Goldene Vließ und ein Haufen Geld gehörten dazu – und der Oberste Befehl über die Truppen des Kaisers, den er bis 1644 führte. Nach Ende des ewigen Krieges führte er als Principal-Kommissarius die abschließenden Verhandlungen in Nürnberg.

Ein Erlebnis am Rande – in dieser Zeit um 1649/50 erschien eines Tages eine große Gruppe von Buben im Hof der Kaiserburg, zwar zu Pferd, aber zu Steckenpferd. Ein Spaßvogel hatte das Gerücht gestreut, der Gesandte des Kaisers werde jeden Steckenpferdreiter dieses Tages belohnen. Piccolomini bewies Humor, er ließ sofort eine Münze schlagen, die auf der einen Seite ihn, auf der anderen ein Steckenpferd trug, und erklärte, nur der Termin stimme nicht, man möge in zwei Wochen wiederkommen. Rund 1500 kleine Reiter standen dann im Burghof und bekamen ihre Souvenirmünze. Das Germanische Nationalmuseum in Nürnberg zeigt ein Exemplar.

Der Chefverhandler wurde nach den Nürnberger Monaten zum Reichsfürsten erhoben – und er begann nun selbst mit der Pflege seines Ruhms. Pienza bei Siena ist ein Städtchen, das zur Gänze dem Andenken der beiden berühmten Piccolomini dient. Die Führung durch den Palazzo bringt die Besucher zu einer langen Reihe von Schlachten in Öl. Darunter ist keine einzige, die nicht von Octavio P. erfolgreich geschlagen worden wäre – der Name Wallenstein scheint in Pienza nicht auf.

Zu Wien hatte die Familie Picccolomini schon längst eine enge Beziehung gehabt – Enea Silvio, der spätere Papst Pius II., war der Kanzler Friedrichs III. 1656 starb Octavio Fürst Piccolomini in Wien an den Folgen eines Reitunfalls. Er wurde in der Servitenkirche beigesetzt. Das Kloster, dem er stets ein großzügiger Förderer war, trägt über dem Portal sein Wappen.

Dieses Servitenviertel hat eine besondere Atmosphäre. Es gibt kleine interessante Geschäfte, freundliche Lokale, ein winziges Begegnungszentrum. Das Servitenviertel genießt seinen guten Ruf zu Recht.

Wenige Hundert Meter entfernt steht die Rossauer Kaserne – 1870 fertig gebaut. Sie war als Teil eines Festungsdreiecks zusammen mit dem Arsenal und der Franz-Josephs-Kaserne, die nicht mehr besteht, gedacht, zum Schutze von Innenstadt, Hofburg und Regierungsämtern. Kunsthistorisch ist sie von minderer Bedeutung, und auch nach Anekdoten sucht man vergebens, nicht einmal diese Geschichte ist wahr – der Architekt habe sich umgebracht, als man bemerkte, dass dem Bau die Toilettenräume fehlen.

Schnell noch zur Votivkirche – die man in jedem Reiseführer findet. Sie war das erste Bauwerk am Glacis, das bis dahin für zivile, aber auch für kirchliche Bauten als tabu galt. Zwar hatte sich die Armee gegen diesen Angriff auf eine ihr allein zustehende Fläche gewehrt, doch bald aufgegeben. Der Gegner war stärker – Erzherzog Ferdinand Maximilian, Kaiserbruder. Die Wiener Geniedirektion – so hieß das Pionierkommando – gab nach. Nun ist das Glacis, dessen Fläche rund 2 Millionen m^2 umfasste, nach und nach verbaut worden, seine militärische Funktion zur Verteidigung hatte es längst nicht mehr ausüben müssen. Der Erzherzog hatte nach dem Attentat auf seinen Bruder Franz Joseph ein Komitee geleitet, das dem Schicksal danken sollte. Drei Instanzen hatten gemeinsam die Rettung des Kaisers bewirkt, ein Wiener Bürger, ein adeliger Offizier und der liebe Gott. Jeder sollte nun entsprechend belohnt werden.

Die Votivkirche wird gebaut.

Der Bürger Josef Ettenreich bekam ein »von« vor seinen Familiennamen, ein Eckhaus hatte er ja schon im 4. Bezirk, das brauchte er also nicht mehr. Der Flügeladjutant Oberst Maximilian O'Donell bekam ein Grundstück neben dem Schloss Mirabell in Salzburg, auf dem er sich ein Schlösschen bauen konnte. Und Gott wurde mit der Votivkirche belohnt, dieser überdimensionierten Dankesgabe für die Errettung aus Krankheiten oder vor anderem Unglück.

Aus dem Wettbewerb, an dem 75 Architekten teilgenommen hatten, ging der erst 26-jährige Heinrich Ferstel als Gewinner hervor, der für Jahrzehnte zum wichtigen Mitgestalter der Residenzstadt wurde.

Am 24. April 1879 wurde die Kirche aus Anlass der Silbernen Hochzeit des Kaiserpaares geweiht. 300 000 Wiener hatten sich nach dem Spendenaufruf Ferdinand Maximilians an der Finanzierung beteiligt.

Nun stehen wir an einer Bezirksgrenze, und viel Platz hat der Autor auch nicht mehr. Gerne hätte ich noch vom Friedhof Seegasse erzählt, dem ältesten jüdischen Friedhof Wiens, im Dienst bis 1783. Man kann ihn sehen, wenn man sich den Durchgang beim Eingang des Seniorenheims Rossau erbittet. Aber bis 2018 wird der Friedhof restauriert und ist bis dahin eine Baustelle.

Jetzt bleibt mir wirklich nicht mehr viel, die Müllverbrennungsanlage, die leere WU ... Die vielen schönen und aufregenden Situationen am Alsergrund sind besucht, auf in neue Bezirke!

Weiterführende Literatur

Bouchal, Robert; Sachslehner, Johannes: *Angriff auf Wien. Das Kriegsende 1945.* Wien, 2015.

Bouchal, Robert; Sachslehner Johannes: *Napoleon in Wien. Fakten und Legenden.* Wien, 2008.

Chiavacci, Vinzenz: *Eine, die's versteht. Lokal-politische Standreden der Frau Sopherl vom Naschmarkt.* Stuttgart, 1896.

Csendes, Peter; Opll, Ferdinand (Hg.): *Geschichte einer Stadt. Werk in 3 Bänden + ein Sonderband.* Wien/Köln/Weimar, 2003.

Eigl, Kurt (Hg.): *Tagebuch eines Augenzeugen 1683.* Die Aufzeichnungen des Freiherrn von P. erstmals gesichtet. Wien, 1983.

Felder, Cajetan: *Erinnerungen eines Wiener Bürgermeisters.* Wien, 1964.

Czeike, Felix: *Wiener Bezirkskulturführer: IV. Wieden.* Wien, 1979.

Czeike, Felix: *Wiener Bezirkskulturführer: IX. Alsergrund.* Wien, 1979.

Czeike, Felix: *Wiener Bezirkskulturführer: VIII. Josefstadt.* Wien, 1980.

Czeike, Felix: *Wiener Bezirkskulturführer: VI. Mariahilf.* Wien, 1981.

Diem, Peter; Göbl, Michael; Saibel, Eva: *Die Wiener Bezirke. Ihre Geschichte. Ihre Persönlichkeit. Ihre Wappen.* Wien, 2003.

Dimitz, Erich: *Wien-Mariahilf.* Erfurt, 2008.

Ehrlich, Anna: *Wien für kluge Leute. 52 Spaziergänge.* Wien, 2011.

Girtler, Roland: *Der Strich. Erotik der Straße.* Wien, 1994.

Haider, Edgard: *Verlorenes Wien. Adelspaläste vergangener Tage.* Wien/Köln/Weimar, 1995.

Kreutel, Richard F.: *Kara Mustafa vor Wien. Das türkische Tagebuch der Belagerung Wiens 1683, verfasst vom Zeremonienmeister der Hohen Pforte.* Graz/Wien/Köln, 1955.
Lothar, Ernst: *Das Wunder des Überlebens. Erinnerungen und Ergebnisse.* Wien, 1961.
Markus, Georg: *Adressen mit Geschichte. Wo berühmte Menschen lebten.* Wien, 2006.
Mayer, Wolfgang: *Wiener Bezirkskulturführer: V. Margareten.* Wien, 1982.
Mayer, Wolfgang: *Wiener Bezirkskulturführer: VII. Neubau.* Wien, 1983.
Messner, Robert: *Die Wieden im Vormärz. Historisch-topographische Darstellung der südwestlichen Vorstädte u. Vororte Wiens auf Grund d. Katastralvermessung.* Wien, 1975.
Payer, Peter: *Blick auf Wien. Kulturhistorische Streifzüge. Mit einem Vorwort von Wolfgang Kos.* Wien, 2007.
Payer, Peter: *Unterwegs in Wien. Kulturhistorische Streifzüge. Mit einem Vorwort von Peter Patzak.* Wien, 2013.
Schlüter, Reinhard: *Der Haifisch. Aufstieg und Fall des Camillo Castiglioni.* Wien, 2015.
Schmidt, Leopold: *Zwischen Bastei und Linienwall. Wiener Vorstädte und ihre Gäste.* Wien, 1946.
Spitznagl, Dagmar: *Wien-Margareten.* Erfurt, 2008.
Sternburg, Wilhelm von: *Gotthold Ephraim Lessing.* Reinbek bei Hamburg, 2010.
Weyr, Siegfried: *Wien. Magie der inneren Stadt. Eine Stadt erzählt.* Wien/Hamburg, 1968.
Wolf, Helga Maria: *Die Märkte Alt-Wiens.* Wien, 2006.
Wiener Geschichtsblätter (Hg.): *Zeitschrift des Vereins für Geschichte der Stadt Wien. Verein für Geschichte der Stadt Wien.* Wien.
Zentrum QWIEN (Hg.): *Wieden 800. Historische Spaziergänge durch den Bezirk. Zum 800. Geburtstag der Wieden.* Wien, 2011.

Bildnachweis

www.wien.gv.at/bezirke/bezirkswappen (11, 63, 91, 131, 167, 207), IMAGNO/Wien Museum (13, 46), Karin Tilgner (16, 20, 40, 43, 89, 94, 108, 135, 136, 144, 146, 148, 213), Wikimedia Commons (18, 22, 27, 49, 55, 61, 73, 83, 97, 119, 129, 138, 151, 157, 184, 197, 209, 210, 214, 216, 218, 235), IMAGNO/Österreichisches Volkshochschularchiv (29, 45, 109), DEA/United Archives/picturedesk.com (32), Ernst Hausknost (35), IMAGNO/Austrian Archives (36, 174), AKON Ansichtskarten Online (42), IMAGNO/Österreichische Nationalbibliothek (59, 71, 77, 99, 103, 193, 237), Theatermuseum Wien © KHM-Museumsverband (74), IMAGNO/Ullstein Bild (79), Joe Pesl/picturedesk.com (84), Bezirksmuseum Penzing (87), Technisches Museum Wien (112, 147), Christine de Grancy (116), akg-images/picturedesk.com (149), Wikimedia Commons/Herbert Josl (163), Theater in der Josefstadt (176), Wikimedia Commons/Andreas Praefcke (199), Volkskundemuseum Wien/Foto: Christa Knott (200), Kriminalmuseum Wien (202), Universität Wien/di-licious (212), WStLA, Fotos des Presse- und Informationsdienstes, FC1: 62299/6/Quelle: WStLA (227), Austria Forum (234), Kaiserliche Wagenburg Wien © KHM-Museumsverband (235), Wilke (246)
Seite 219: »Ein Foto der Sotour Austria Hotelbetriebs Gmbh«; Hotel & Palais Strudlhof, Strudlhofgasse 10, 1090 Wien
Nachsatz sowie Seite 128 aus: Czeschka, C. O.; Keim, Franz: Die Nibelungen. Dem deutschen Volke wiedererzählt. Verlag Gerlach und Wiedling, Wien/Leipzig 1909.
Alle übrigen Abbildungen nach Vorlagen aus dem Archiv des Autors und des Amalthea Verlages.

Der Verlag hat alle Rechte abgeklärt. Konnten in einzelnen Fällen die Rechteinhaber der reproduzierten Bilder nicht ausfindig gemacht werden, bitten wir, dem Verlag bestehende Ansprüche zu melden.

Der Autor

GERHARD TÖTSCHINGER, geboren in Wien, ist nach Jahren der Wanderschaft – Zürich, München, Venedig, Umbrien usw. – wieder in Wien zu Hause. Er war im Anfang Schauspieler, ab 1969 auch Autor, zahlreiche Bücher zu kulturhistorischen Themen. Ab 1973 in Theater- und Festivalleitung tätig, in Österreich und Italien, Regisseur im ganzen deutschen Sprachraum und Italien. 1977 erste Fernsehserie für den ORF, 1978–1988 »Quiz in Rot-Weiß-Rot«, bis heute intensive TV-Tätigkeit für ORF, italienische Privatsender, BR, WDR etc. Gerhard Tötschinger lebt in Wien und Baden bei Wien. Zuletzt bei Amalthea erschienen: »Die Donau« (2013), »Mörderisches Venedig« (2014) und »Von St. Stephan nach St. Marx« (2015).

gerhard-toetschinger.at

Personen- und Ortsregister

D

E

F

G

H

I

J

T

Wien, wie man es noch nicht kennt

Innere Stadt, Leopoldstadt, Landstraße – die ersten drei Bezirke Wiens bilden den ältesten Kern der Stadt. Somit ist ihre Geschichte die Geschichte der Stadt selbst. Freilich begegnen wir alten Bekannten wie Marc Aurel, Rudolf dem Stifter oder Prinz Eugen, doch stets unter dem Aspekt selten Gehörtes und selten Erzähltes. Wo steht denn nun zum Beispiel wirklich das älteste Haus Wiens? Wo wird Wien venezianisch? Und wie hat der Biedermeier-Mörder Jaroszynski seine letzte Nacht verbracht?
Gerhard Tötschinger, der begnadete Geschichtenerzähler, nimmt Sie mit auf eine aufregende Entdeckungsreise: Spannendes, Unerwartetes und Skurriles aus der Geschichte der geliebten Donaumetropole.

Freuen Sie sich auf die Fortsetzung der Reihe!